四川公路建设中典型路基病害处治
实用案例研究

张　华　方应杰　著
游　宏　主审

西南交通大学出版社
·成　都·

图书在版编目（ＣＩＰ）数据

四川公路建设中典型路基病害处治实用案例研究 /
张华，方应杰著. —成都：西南交通大学出版社，
2020.11

ISBN 978-7-5643-7836-3

Ⅰ. ①四… Ⅱ. ①张… ②方… Ⅲ. ①公路路基 – 病
害 – 防治 – 案例 – 四川 Ⅳ. ①D922.297.9

中国版本图书馆 CIP 数据核字（2020）第 230322 号

Sichuan Gonglu Jianshe zhong Dianxing Luji Binghai Chuzhi Shiyong Anli Yanjiu
四川公路建设中典型路基病害处治实用案例研究
张　华　方应杰　著

责 任 编 辑	李　梅
封 面 设 计	GT 工作室
出 版 发 行	西南交通大学出版社
	（四川省成都市金牛区二环路北一段 111 号
	西南交通大学创新大厦 21 楼）
发行部电话	028-87600564　028-87600533
邮 政 编 码	610031
网　　　址	http://www.xnjdcbs.com
印　　　刷	四川森林印务有限责任公司
成 品 尺 寸	170 mm × 230 mm
印　　　张	17.75
插　　　页	6
字　　　数	285 千
版　　　次	2020 年 11 月第 1 版
印　　　次	2020 年 11 月第 1 次
书　　　号	ISBN 978-7-5643-7836-3
定　　　价	108.00 元

作者简介

张 华

1981 年 8 月生，工学博士，副教授/高级工程师。2004 年 7 月获得西南交通大学土木工程专业工学学士学位，并分别于 2007 年 7 月、2011 年 12 月获得西南交通大学道路与铁道工程专业工学硕士、博士学位，2012 年 3 月至 2016 年 6 月就职于四川省交通勘察设计研究院有限公司道路咨询审核分院，2016 年 9 月至今在成都大学建筑与土木工程学院任教。

方应杰

1933 年 10 月生，教授级高级工程师，国家注册土木工程师（岩土）。1956 年 9 月本科毕业于唐山铁道学院铁道工程系，毕业后就职于铁道部西南设计分局（中铁二院工程集团有限责任公司前身）直至退休，历任铁二院副总工程师（路基专业）、科技处处长，曾获全国第二次青年社会主义建设积极分子称号。退休后在四川省交通勘察设计研究院有限公司道路咨询审核分院从事路基工程病害处治的咨询、审查工作。

前　言

　　四川地质构造复杂多样，跨越我国三大构造域：西部是特提斯-喜马拉雅构造域，东部属滨太平洋构造域，北部为古亚洲构造域。自第四纪以来，受地壳强烈上升和河流迅速下切的作用，形成大致以龙门山、邛崃山和大凉山的主脊线为界、东低西高、地貌截然不同的两大地理区：在东部，除四川盆地盆底地势低矮（海拔 200～750 m）外，主要为山地区，海拔多为 1 000～3 000 m，位于中国地势划分的第二级阶梯上；而在四川西部，则是大幅隆起、地域辽阔的高原和山地，海拔多在 4 000 m 以上，属中国地势划分的第一级阶梯。

　　按地貌特征，四川地区可大致划分为下述五大单元。不同地貌分区之间，海拔、气象水文、岩体构造、水文地质、土壤植被等因素显著不同，导致各区域内工程地质体的处治有不同的侧重点。特别是延绵数十甚至数百千米的公路工程，常需穿越不同地貌单元，所遇到的工程环境也随之变化，必然导致路基病害形式的复杂化与多样化。各区的主要范围及区内典型公路分布为：① 深切高山峡谷区：包括甘孜州、阿坝州与四川盆地接触的地带，以及雅砻江、大渡河、金沙江流域周边地区。典型干线公路有国道 318 线、213 线、108 线，京昆高速雅泸段等。② 深切中山峡谷或宽谷区：主要包括川西南的大部（如眉山、乐山、宜宾等地）以及攀西地区。典型干线公路有国道 108 线、京昆高速西攀段、攀田段、广巴高速等。③ 浅切中山宽谷区：主要包括秦岭大巴山地区和川东、川东南地区。区内干线公路密集，如达渝、广南、内宜、纳黔、乐自等高速公路以及国道 318 线、210 线等。④ 浅切高原宽谷区：主要包括甘孜州、阿坝州的高原部分。典型干线公路有国道 317 线、213 线等。⑤ 浅切平原丘陵区：主要包括盆地地区及其周边丘陵。该区汇聚了四川省内主要公路交通干线，但路基处治难度一般不大。

为了确保路基工程的安全，省内公路行业的相关技术人员结合实际工程，开展了大量的探索。经过多年的工程实践和理论研究，在路基的设计及处治方面取得了较大成就，公路路基的加固手段由早期单一的挡墙向抗滑桩、锚索桩、锚杆框架梁等多样化的技术措施发展，防护技术理念也由圬工防护向植物防护、生态防护以及综合防护过渡。针对具体的路基工点，在不同部位采取不同的措施，进行综合防治已成为工程界的共识，而病害处治设计的关键是选择合理而有效的技术措施。

公路路基工程大体可分为勘察、设计、施工、运营等四个阶段，路基设计是其中的重要环节，其大致具有 3 个特点：首先，路基治理工程属非标准设计，必须对每个工点进行具体的针对性设计；其次，路基治理工程迄今还是一门不严谨、不完善、不成熟的科学技术，公路路基设计不可避免地存在着一定的风险性；再次，公路路基的设计具有较大的灵活性。因此，路基病害的处治设计既是在理论指导下的设计，更是对实践经验的演绎，而且是在对类似工程处治措施适应性加以总结基础上的演绎，合理的处治措施应当与路基病害的特征个性相适应。

本书根据著者近年来参与四川省公路工程建设中所遇到的典型路基病害问题，结合实际工程的处治实践，尝试以案例的形式针对省内公路工程建设中路基病害处治的重点与难点问题进行探讨。全书共分为两个部分：第一部分为工程案例咨询，由方应杰撰写；第二部分为工程实例设计，由张华撰写。全书由张华、方应杰统校，由四川省交通勘察设计研究院有限公司游宏教高主审。

　　著者诚挚地感谢四川省交通勘察设计研究院有限公司的游宏教高、杜兴无教高、王告函教高、王明学高工、吕隆光教高、曾启发高工、张允中高工、崔世斌教高、张佐安教高、彭友松教高、黄晚清教高、李宗有教高、陈贵红教高、张庆高工等对我们所从事的路基专业工作的支持、鼓励以及无私帮助。

　　本书工程案例咨询部分，原系著者工作之余所写工程体会，在日常技术交流过程中，四川省林业勘察设计研究院李明贵教高提出了许多有益的建议。工程实例设计部分：王明学高工对路基病害处治方案的确定提出了诸多宝贵的意见；实习生冯远、陈拔进、潘高鹏、邹逸文、刘昕雨、慎冬冬、张杨等分别参与了部分工点设计文件的编制工作；西南交通大学陆阳教授，四川高速公路建设开发集团有限公司王广军高工、张国强高工，中铁科学研究院有限公司成都分公司罗杰高工，以及成都大学建筑与土木工程学院的诸位教师同仁提供了热情帮助。在此谨表谢忱。

　　成都大学建筑与土木工程学院 2020 届毕业生徐蝶、吴相瑾、宋永恒、易晓平、王敏、何维薇、张容国、黎克超等同学参与了本书的编校和绘图工作，感谢他们付出的辛勤劳动。

　　著者感谢家人在本书写作过程中给予的鼓励与支持。

　　本书的出版得到了四川省交通运输厅计划科研项目（编号 2016C3-4）和四川省科技计划项目（编号 2019YJ0667）的支持，在此谨表感谢。

　　由于撰写时间和实存资料所限，难免遗漏，为此著者深感遗憾。限于著者水平，书中不妥之处在所难免，恳请读者批评指正（联系邮箱：chalkz@126.com）。

著　者
2020 年 5 月底于成都

目 录

第一部分　工程案例咨询

第二部分 工程实例设计

第
一
部
分

工程案例咨询

1 膨胀土路基设计

（2013 年 5 月）

基于成昆铁路成都地区、南昆铁路东段技术资料，以及简阳—浦江段高速公路设计中有关膨胀土路基设计的技术问题，进行如下探讨。

1.1 膨胀土路基设计基础资料的搜集

膨胀土矿物成分主要有伊利石、蒙脱石，具有裂隙性、膨胀性、超固结特性，其失水开裂、吸水膨胀软化。对于膨胀土基础资料的搜集，主要是通过野外调查进行初判，然后根据室内试验做进一步的确认。其主要判别标准：自由膨胀率≥40%，液限 >40%，且残剪 c、ϕ 值较低，区分为强、中、弱三种膨胀土类型。提供"膨胀土地段工程地质调查表""膨胀土地段室内试验资料汇总表"，供设计使用。

1.2 膨胀土路堑处治

1.2.1 膨胀土路堑基床处治

为防止膨胀土路堑地段路面工程开裂损坏，须对路堑基床作处治。常用的处治措施为"换填 80 cm 的透水性材料 + 左右侧纵向排水盲沟"，以克服不均匀沉降，防止路面开裂。如图 1-1 所示。

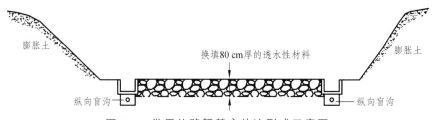

图 1-1　常用的路堑基床处治形式示意图

1.2.2　膨胀土路堑边坡处治

膨胀土路堑边坡变形、失稳的实例较多，如成昆铁路成都地区的狮子山地段，为路堑通过，最大边坡高 8 ~ 10 m，缓坡开挖，仅有植草绿化措施，每年雨季均出现路堑边坡滑塌，先后共处治了十多年才治理住。20 世纪 80 年代修建南昆铁路，其东段的广西地区分布有膨胀土特殊地层，在路堑地段采用了"矮挡墙 + 缓坡 + 实体护坡全封闭"的处治措施，亦发生变形破坏，因封闭坡面外鼓变形、矮挡墙外倾甚至需重新修建（例如林逢车站膨胀土路堑边坡）。通过工程经验总结后，提出的处治措施包括如下内容：

（1）路堑坡脚修建矮挡墙

挡墙高度一般控制在 3 m 左右（含基础埋深），挡墙的截面尺寸要考虑膨胀力，主要起固脚的作用；如遇强膨胀土的困难地段，必要时需采用"短桩板墙"以强化固脚效果。（注：不宜用土钉墙，经试验均失效。）

（2）缓坡设计

根据地勘资料确定弱、中、强膨胀土分类，其路堑边坡的设计坡比为 1∶1.75 ~ 1∶2.5，分级设置，每级边坡高为 6.0 m，平台宽 1.5 ~ 2.0 m。

（3）路堑边坡防护

膨胀土由于含水率升高引起体积膨胀，由此产生膨胀力，如，成都地区膨胀土的膨胀力约为 270 kPa。实践证明不宜采用封闭处理，而适合选用柔性防护。常用的防护措施为"菱形（人字形）骨架内植草防护 + 边坡支撑渗沟"，其中，"边坡支撑渗沟"的纵向间距 6 ~ 8 m，顶宽 1.0 m，深 ≥ 2 m。

（4）强化排水系统

强化排水系统包括边沟、纵向盲沟、平台处的排水沟与堑顶截水沟。

膨胀土路堑边坡常用处治措施示意如图 1-2 所示。

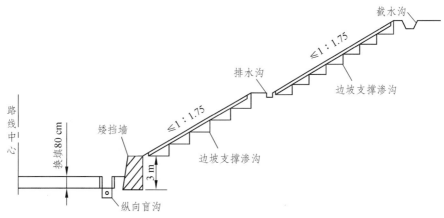

图 1-2　膨胀土路堑边坡常用处治措施示意图

　　综上，膨胀土路堑边坡处治设计原则为：① 坡脚支挡（矮挡墙或短桩板墙）；② 缓坡（按膨胀土强、中、弱三种不同类型和边坡高度确定设计坡比）；③ 坡面防护以柔性防护为主（不宜做封闭处理，主要有侧向膨胀力存在）；④ 边坡支撑渗沟（具有排水、稳定边坡的支挡功能）；⑤ 排水系统设置（包括地表排水和边沟下纵向盲沟，而盲沟的设置更为重要）。以上 5 个方面，缺一不可。（注：当设有边坡支撑渗沟时，其边坡开挖坡比可以陡些。）

1.3　利用膨胀土作填料的路堤设计

1.3.1　对路堤填料的要求

　　在《公路路基设计规范》（JTG D30—2004）（以下简称"规范"）中，明确规定：

　　（1）填方路堤应优先选用级配较好的砾类土、砂类土等粗粒土作为填料，填料的最大粒径应小于 15 cm。

　　（2）泥炭、淤泥、冻土、强膨胀土、有机质土及易溶盐超过允许含量的土等，不得直接用于填筑路基。

　　（3）当采用细粒土填筑时，路堤填料最小强度：高速公路、一级公路路面底面以下 0.8～1.5 m，其 CBR 值为 4；1.5 m 以下的 CBR 值为 3。

（4）液限大于 50%，塑性指数大于 26 的细粒土，不得直接作为路堤填料。

（5）浸水路堤应选用渗水性良好的材料填筑。

（6）桥涵台背和挡土墙墙背应优先选用渗水性良好的填料。

1.3.2　利用（中—弱）膨胀土作路堤填料的临界高度

根据南昆铁路东段广西膨胀土地段的经验，路堤高度大于 10 m 时，要与桥跨方案作比较。在四川、广东的高速公路建设中，当使用膨胀土、过湿土作路堤填料时，其路堤临界高度初定为 10～12 m，并经技术、经济比较后，确定采用路基或桥跨方案。

1.3.3　膨胀土路堤边坡坡比及平台宽度

根据"规范"中相关规定，膨胀土路堤边坡坡比：0～6 m 高，采用 1：1.5～1：1.75；6～10 m 高，采用 1：1.75～1：2.0。平台宽度≥2.0 m。在实际应用中，考虑到作路堤填料的膨胀土已经过改良处理，故采用 0～6 m 高为 1：1.5，6～12 m 高为 1：1.75，平台宽为 2.0 m，设排水沟。（注：有时也建议配合边坡设支撑渗沟。）

1.3.4　膨胀土路堤边坡防护

"规范"明确可采用：植草防护、骨架植物、支撑渗沟加拱形骨架植物。其特点是柔性防护，不做封闭防护处理以消除侧向膨胀力的影响，此类防护的适用性已为实践所证明。但路堤边坡的支撑渗沟防护措施，由于施工难度较大而较少使用；多采用菱形骨架、拱形骨架内植草防护，并要求骨架具排水性能，以尽快将边坡表水排入平台排水沟和坡脚边沟。

1.3.5　利用膨胀土作路堤填料改良措施

"规范"中建议利用膨胀土作路堤填料的改良措施中，仅提到"掺灰法"，尚无更多的论述。在多年的实践中逐渐总结经验，大体上有四种改良措施："外包法""分层法""加筋法"及"掺灰法"，可供参考。

（1）外包法

利用膨胀土作填料"外包法"的路堤，其措施内容为：

① 原地面处理：清除原地表膨胀土 0.3 ~ 0.5 m，填筑 1.0 m 厚的合格填料。如原地面横坡较陡，按规定设置台阶。

② 路堤的顶部及两侧采用合格填料，垂直层厚为 2.0 m，核心部分为弱—中膨胀土，同时自下而上分层填筑。

③ 补强措施：为使压实度达到设计要求，以防路面受损或开裂，建议增加"强夯"或"冲击碾压"的补强措施。当采用"强夯"补强时，每层填筑厚度为 6 m；采用"冲击碾压"时，每层填筑厚度为 2 m。

④ 两侧边坡整修后进行柔性防护：菱形或拱形骨架内挂网植草防护，骨架设有单侧沟槽，排除坡体表水。

⑤ 平台处排水沟的设置，以及两侧坡脚处排水边沟的设置。

⑥ 在有条件的情况下，最好有 2 ~ 3 个月的预压期，然后再施工路面工程。

⑦ 简要说明：

A. 外包垂直厚度取 2.0 m，系参考"广西大学对膨胀土路堤病害调查研究，其两侧边坡浅层滑塌厚度一般为 1.5 ~ 2.0 m"而定的。

B. 填筑前要落实合格填料来源，同时自下而上分层填筑，做好施工组织。如采用先核心后外包的施工顺序，则需有 2.0 m 的搭接碾压要求，以保证先后填筑的结合部达到密实要求。

C. 两侧边坡防护工程，最好在路堤补强措施完成后立即实施，间隔时间不宜过长，因骨架植草防护对边坡的稳定及防表水冲刷大有好处。

D. 路面施工前 2 ~ 3 个月预压期的要求，是针对填筑体胀缩不良效应而提出的。

"外包法"横断面设计示意如图 1-3 所示。

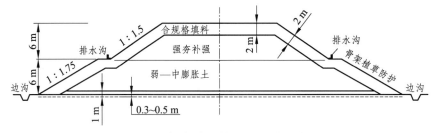

图 1-3 "外包法"横断面设计示意图

（2）分层法

利用膨胀土作填料"分层法"的路堤，其措施内容为：

① 原地面处理：清除原地表膨胀土 0.3 ~ 0.5 m，填筑 1.0 m 厚的合格填料。如原地面横坡较陡，按规定设置台阶。

② 落实合格填料来源，做好施工组织，按 4 : 6 的厚度比，即每层填 40 cm 厚的合格填料、60 cm 厚的膨胀土填料，分层填筑。

③ 为提高填筑体的压实度，采用强夯或冲击碾压补强措施，强夯的每层厚度按 6.0 m，冲击碾压的每层厚度按 2.0 m 考虑。

④ 至路肩设计标高附近的上层路堤，要求采用合格填料，如系膨胀土填料，应有改良措施，可加铺土工格栅。

⑤ 两侧边坡整修后进行柔性的骨架内植草防护，不作封闭处理。

⑥ 平台及坡脚处排水沟的设置。

⑦ 在有条件的地段，最好有 2 ~ 3 个月的预压期，再施工路面工程。

"分层法"横断面设计示意如图 1-4 所示。

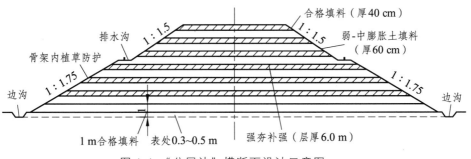

图 1-4 "分层法"横断面设计示意图

（3）加筋法

"加筋法"的成功使用，源于 20 世纪 80 年代初的南昆铁路建设。铁路通过广西境内的膨胀土地区，由于合格填料来源困难，须利用膨胀土作填料，曾成立专项课题研究小组尝试过多种处治设计方案，最后由铁道部鉴定中心确定采用"加筋法"。其主要内容为：强膨胀土不作路堤填料；路堤边坡高度≥10 ~ 12 m 时，则考虑桥跨通过；使用 E131 土工网格（其抗拉强度低于土工格栅），幅宽 2.5 m，设于路堤两侧，每层填土厚度 30 ~ 40 cm，无反包措施；路堤两侧边坡采用柔性防护，不作封闭处理。通车至今，稳定完好，无安全隐患。后在京珠高速公路粤境南段利用过湿土作路堤填料处治设计方案中，"加筋法"的处治措施参加过比选，但未采用。而在四川高速公路建设中未使用过"加筋法"。

利用膨胀土作填料"加筋法"的路堤，其措施内容是：

① 原地面处理：清除原地表膨胀土 0.3 ~ 0.5 m，填筑 1.0 m 厚的合格填料。如原地面横坡较陡，按规定设置台阶。

② 经全段土石方调配后，确认合格填料来源困难、需远运，在经济上投入较大，须利用弱—中膨胀土作路堤填料。

③ "加筋法"的措施内容：利用幅宽 4.0 m 的土工格栅，其抗拉强度不小于 80 kN/m，于路堤两侧铺设，每层填土厚度 40 cm，不反包，分层填筑。

④ 为克服路面结构底面产生不均匀沉降，铺设 3 层土工格栅。

⑤ 为提高路堤填筑体的压实度，采用强夯或冲击碾压补强措施。强夯的每层厚度按 6.0 m，冲击碾压按 2.0 m 考虑。

⑥ 两侧边坡整修后进行柔性骨架内植草防护，不作封闭处理。

⑦ 在有条件的地段，最好有 2 ~ 3 个月的预压期，再施工路面工程。

"加筋法"横断面设计示意如图 1-5 所示。

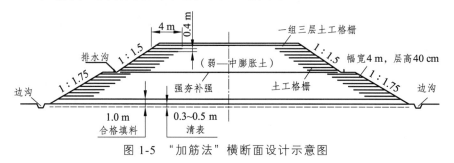

图 1-5 "加筋法"横断面设计示意图

（4）掺灰法

① 在"规范"条文说明中提到，掺石灰是膨胀土改性处理的最有效方法，在多地相关专题研究中均得到验证。一般情况下，石灰剂量控制在 4% ~ 10% 范围内。掺石灰的最佳配比，以处理后的膨胀率不超过 0.7% 为宜。

② 在实际操作中，需达到以下要求：不在雨季施工；对弱—中膨胀土进行晾晒，其天然含水量不大于 20%；石灰剂量按 8% 考虑；拌和均匀；须做试验段，并控制膨胀率不超过 0.7%。但由于限制条件严格，不利于场地文明施工，似未广泛推广使用。

③ "掺灰法"的措施内容包括：填方地基处理、填筑体的掺灰分层填筑、普夯或冲击碾压补强、路堤两侧整修及柔性边坡防护、平台及坡脚处排水沟设置、路面结构层下土工格栅的设置、2～3 个月的预压期后再修筑路面。

（5）利用膨胀土作填料的路堤设计程序

① 根据全段土石方调配设计成果，确定须采用膨胀土作路堤填料地段。

② 根据填筑路基、修桥两种方案的技术与经济比较成果，确定采用膨胀土作路堤填料地段。

③ 根据"规范"中对膨胀土的分类，排除强膨胀土作路堤填料。

④ 对地勘报告提供的试验资料，当自由膨胀率接近或略小于 40%，蒙脱石含量接近或略小于 7% 的土质，可考虑按最佳含水量、旱季施工、强化压实度、两侧适当加宽填筑、路面结构层下设一组土工格栅等措施进行填筑。

⑤ 对利用弱—中膨胀土作填料的路堤，建议可参考上述四种改良土质方法，作技术、经济比选后确定。

⑥ 建议在开工之前纳入试验路段的研究，以确定有关设计参数，并推广使用。填筑体完成后，建议 2～3 个月的预压期满后再施工路面工程。

2　成都—乐山高速公路夹江连接线利用过湿土作填料的处治

（2011 年 1 月 26 日）

2.1　问题的提出

由于当地为潮湿多雨区，地下水多以孔隙水和上层滞水的形式存于土体中，致使卵石质土（含石比例约 25%）的含水量较大（25% ~ 32%），成为过湿土。利用过湿土作路堤填料，施工时其压实度达不到设计要求，且出现"弹簧"现象，俗称橡皮土，故必须做改良处理。

2.2　处治设计方案的拟定

方案一：废弃过湿卵石质土，全部购买天然砂砾石填筑方案，估算费用 4 300 万元。

方案二：过湿土中掺拌 5% 生石灰方案（土质改良），估算费用 3 380 万元。

方案三：分层复合填筑方案，估计费用 2 255 万元。（为采用方案）

2.3　分层复合填筑方案的设计要求

（1）清除原地面表层土，并压实。

（2）地基清表压实后，铺设砂砾石透水层 60 cm。

（3）每层填筑 60 cm 厚卵石质土（过湿土），再填筑 40 cm 厚的砂砾石透水层。

（4）路面底面下设 100 cm 厚砂砾土透水层。

（5）路堤两侧设骨架植草防护。

2.4　施工要求

（1）全面施工前选试验路段作试验。目的在于确定分层复合填筑方案的施工参数、施工工艺及检测标准与时机等要素，便于推广使用。

（2）压实机具的选用，要求大于 20 T 的压路机进行碾压。

（3）各层过湿土（卵石质土）的表面，设 3%的路拱。

（4）当到场的砂砾石透水材料含水量较大时，须静置待水分充分排除后方能填筑。

（5）施工至路床顶面时，即进行路基弯沉或弹性模量检测。

3 特殊土作路堤填料处治设计方案的选用

（2010 年 9 月 29 日）

3.1 基本情况（1985—2010 年间的六个工程实例）

3.1.1 南昆铁路利用弱—中膨胀土作路堤填料的处治经过（1985 年）

南昆铁路建于 20 世纪 90 年代，在广西段分布有膨胀土（裂土），为利用弱—中膨胀土作路堤填料，试验和研究的结论是：

（1）凡路堤填筑高度超过 12 m 时，则以桥跨通过。

（2）凡利用弱—中膨胀土作路堤填料，必须作改良处理。经西南交大等单位的综合研究，最后确定采用"加筋法"。已通车十多年，效果良好，未出现路基病害。具体措施为：

于路堤两侧采用幅宽 2.5 m 的土工格网（其强度指标比土工格栅低，仅有 8 kN/m），自填方基底面向上分层填筑和铺设，层高 30~40 cm，即一层膨胀土经碾压后铺设一层土工格网（土工格网的端部不做反包处理）；路堤边坡的设计坡比按设计规范要求办理；坡面采用柔性防护，即骨架（带有排水功能）植草防护，下设有防渗土工布，以隔断地表水下渗。

3.1.2 京珠高速公路粤境南段利用过湿土作路堤填料处治（1993 年）

京珠高速公路粤境南段建于 1993 年左右，由于雨量充沛，路堑边坡开挖出的全风化花岗岩体，其含水量超过最佳含水量，将其用于路堤填料填筑施工时压实度达不到设计要求。经广东省交通厅组织立项对"过湿土"作路堤填料进行研究，所采用"晾晒法""掺灰法（重量比 6%~8%）"两种改良处治措施取得成功。

3.1.3 西昌—攀枝花高速公路利用昔格达土层（半成岩）作路堤填料处治

西攀高速公路建于 2000 年左右，沿线分布有砂、泥岩半成岩的昔格达土层，具有遇水软化、晾干后龟裂的特性。为解决填料来源，充分利用昔格达土做路堤填料，曾立项作为专题研究。其主要措施是：

（1）控制含水量，择晴好天气晾晒。

（2）从施工工艺入手：通过现场试验确定昔格达土层松铺厚度、压实机械的选用、压实遍数、压实速度等参数。

在试验段（西昌附近）通车以后，曾有些小的问题出现，经增补强化措施后，路堤处于稳定状态。

3.1.4 纳黔高速公路对"过湿土"作填料的处治经过

（1）纳黔高速自 2009 年开工建设以来遇到如何利用"过湿土"作填料的问题。在施工过程中曾利用"过湿土"[风化、含水量较高（40%~50%）的细砂岩]作路堤碾压试验，由于该区段雨季时间特别长，能利用的晴好天气连续时间仅 8~9 天，大多数情况不能满足设计要求（其压实度仅达到84%）。

（2）经合理的土方调配，利用晴好天气组织晾晒用过湿土作填料后，仍有 50×10^4 m³ 过湿土须废方，缺口 50×10^4 m³ 的路堤填料，设计院做了 4 个处治设计方案：

① 全部换填法。

② 掺灰法（6%~8%生石灰）。

③ 分层填筑法 A（过湿土 30 cm + 合格填料 30 cm）。

④ 分层填筑法 B（过湿土 30 cm + 合格填料 60 cm）。

（3）2010 年 9 月终审，确定采用"全部换填法"，增加投资 1 000 万元左右。

3.1.5 乐山—雅安高速公路利用冰水堆积物土体作路堤填料的处治

（1）基本情况

乐雅高速公路沿线分布有成分非常复杂的"冰水堆积物土体"。据施工图阶段详勘试验资料：该土层含水量高（为 25% ~ 35%，而最佳含水量为 16% ~ 18%），土体湿软，并含有大粒径的卵石（黏土的比例占 50% ~ 70%），因长期受地下水的浸泡与冲刷，土体内出现卵石架空区。经土石方计算全线有 $260 \times 10^4 \, \text{m}^3$ 的冰水堆积物土体要作处理。

（2）由于"对利用冰水堆积物土体作填料"没有规范和处治经验作设计和施工的依据，故业主单位将组织"设计、施工、科研"三结合，依托高速公路在建项目，开展试验和研究，提出"冰水堆积物特性及路用性状研究"大纲（2012 年 9 月编制，长安大学为主体研究单位）。其主要措施为：

① 堆料含水量控制。

② 施工技术措施：包括松铺厚度、压实机械、压实遍数、压实速度。

（3）经评审认为：要增加"利用冰水堆积物改良措施的多种类型、使用条件、施工工艺"的研究内容，并择优选用。

3.1.6 其 他

2010 年 9 月成都二绕高速公路西段利用弱膨胀土作填料的处治措施："包边处理"。

3.2 对利用"特殊土"作路堤填料改良措施选用的认识

3.2.1 常遇到的"特殊土"类型

计有膨胀土（裂土）、过湿土、昔格达地层、冰水堆积物土体等。

3.2.2 控制指标

（1）填方基底沉降控制、路堤填筑体沉降控制、工后容许沉降量控制（5 cm 左右）。

（2）填筑体本身压实度控制。

（3）路堤边坡稳定性控制（填方设计坡比确定）。

（4）填方路堤斜坡滑动控制。

3.2.3 利用特殊土作路堤填料的改良措施（9种改良处治措施）

（1）"晾晒法"：当土体含水量过高时，在有条件的地区，对过湿土采用晾晒（周期7~8天）的方法以降低含水量至基本达到最佳含水量，并作分层碾压。

（2）"加筋法"：当含水量接近最佳含水量时，可于路堤两侧采用幅宽4.0 m的土工格栅，按特殊土层高0.4 m分层碾压夯实，端部不做反包处理。

（3）"施工工艺改进法"：当含水量接近最佳含水量，加强施工管理，并通过试验段优化施工工艺各项参数。

选取试验段，针对利用特殊土做填料时的松铺厚度、压实机械功能的选用、压实遍数、压实机械行走速度进行试验，并确定各项参数作施工工艺的控制指标。

（4）"强夯置换法"：视"利用（含水量较大）特殊土所填筑路堤"为人工软弱地基，控制层高在6.0 m左右，采用"强夯置换"强化措施。

（5）"高压水泥搅拌桩改良法"：

① 视"利用（含水量较大）特殊土所填筑路堤"为人工软弱地基。

② 对路面整幅宽、填高的2/3范围内，采用高压水泥搅拌桩改良，使之形成复合地基，以提高承载能力，减少沉降量。水泥搅拌桩取孔径50 cm、纵横间距1.5~2.0 m。

（6）"掺灰法（6%~8%）"：对含水量过大、无法晾晒的特殊土，采用掺灰的改良方法。推荐采用拌和方式，条件无法达到时采用分层摊铺。注意控制层厚，建议通过试验作优化处理。

（7）加筋控制沉降量：以压实度为主要控制指标；对少量不均匀沉降，通过铺设土工格栅（室）来解决。土工格栅（室）一般设于路床底面附近，并与"加铺80 cm左右的卵砾石土"进行组合。

（8）"夹层法"：俗称"夹烧饼"，好坏填料分层填筑。

（9）"包边处理法"。

3.2.4　特殊土做填料路堤的设计内容

（1）填方基底处理；包括非软基地段、软基地段的设计内容。

（2）路堤顶部路床处治："加筋材料＋砂卵（砾）石垫层"。

（3）路堤两侧边坡防护："柔性带有排水功能的拱形骨架植草＋防渗土工布"。

（4）路堤两侧设计坡比确定：一般的设计坡比；放缓一级的设计坡比。

（5）路堤用特殊土作填料的处治设计：

① 通过现场调查和室内试验，掌握特殊土的特性。

② 工程环境调查：土石方调查情况、料源调查、取弃土场地设置情况。

③ 根据工程实际，比照上述"9种特殊土作填料处治措施"，初拟处治设计方案。

④ 组织现场选点做"特殊土作路堤填料"的现场试验，得出设计和施工工艺的各项设计参数。

⑤ 对试验成果组织验收后，推广使用。

4 软弱地基不同类型处治措施的适用条件

（2014 年 2 月 18 日）

4.1 涵洞软基处治

4.1.1 有效的处治措施

（1）在有条件的地段，最好能移位于非软基处设涵。应注意涵位上、下游的顺接，并做好防渗、防冲的铺砌，使地表水不渗入路基填筑体内。

（2）对浅层软弱地基（软基厚度 < 3 m），应考虑全部做换填处理。配备抽水机械，做好施工组织，换填透水性材料，使涵基不发生工后沉降以处于稳定状态。

（3）对中、厚层的软基涵位（软基厚度 ≥ 3 m），以明挖换填难以实施为度，可视实际情况采用复合地基的处治措施，以确保工后沉降接近于零、承载力达到设计要求。目前认可的处治措施有"掺水泥的碎石桩""高压水泥搅拌桩"，通常桩径取 $D = 50$ cm，桩中心间距取 1.1 ~ 1.2 m，桩长至硬层，各项设计参数通过试桩后做调整，并应有质量检测要求。

4.1.2 应注意的几个问题

（1）排水固结法（如采用塑料排水板）不适用于涵位厚层软基的处治，因为涵位下基后仍有不均匀沉降，进而导致涵基失稳。

（2）曾有对圆管涵的轴线设人字坡（预留沉降），涵基做局部换填或设塑料排水板等处治措施的试验，有成功的，亦有变形的，因对圆管涵变形后的修复极为困难，上述措施不建议采用。

（3）盖板涵或圆管涵的两侧宜设过渡段，两侧过渡段的长度各 10 m，以尽量减小涵位和路基的沉降差。

（4）如涵位的轴线方向分布有不等厚的斜坡软基，应做稳定检算，以确保涵位基础处于稳定状态。

4.2 浅层软弱地基的处治

4.2.1 浅层软弱地基厚度的界定

这是一个有争议的问题，直接影响工程造价。经过多年来的工程实践和技术、经济比较结果的积累，建议浅层软基的厚度定为 3 m 较为合适。软基厚度超过 3 m 时，则需根据工程实际选用造价较低的塑料排水板（排水固结法）或强夯筑柱法（复合地基）。

4.2.2 浅层软弱地基有效处治措施

（1）全部换填透水性材料

该措施效果最好，但换填数量较大时，会带来弃方和选用合格填料的困难。可用于零填路段、地面有斜坡及不等厚软基地段。但应在硬层中设台阶或大台阶，确保斜坡软基稳定。

（2）"局部换填 + 设纵横片石排水沟""设排水垫层 + 满铺土工格栅"

① 上述两种处治措施，均有尽量减少弃渣和合格填料的优点，有利于缩短工期、节约造价、保护生态环境。

② 预留不处治软基厚度的确定。

根据工程实践的经验，一般对不处治软基厚度按 1～1.5 m 考虑。如此量化的依据：对 1 m 厚软塑状的粉质黏土，在静荷载的作用下，其沉降量约为 10 cm，通过填土自重 P 在预压期 T（路堤填筑时间和实际预压期）的作用，可保证路面施工前的工后沉降量接近于零。

③ 适用条件：

A. 要有一定的路堤填土高度，借用路堤填筑体的静载在预压期作用，来完成（1～1.5 m 厚）未处治软基的沉降量，使路面施工时的工后沉降接近于零。其填土高一般取≥5 m。

B. 适用于地面横坡近于水平状（如于凹槽地段更为有利），且浅层软基基本上为等厚的地段，这样路堤的稳定能得到控制。

C. 勿在斜坡软基地段使用，否则要有防侧移变形措施（如于坡脚处设抗滑矮挡墙）。

（3）抛石挤淤

① 对水塘及常年泡水的水田地段，软基一般含水量较大（50%~60%），呈流塑状，承载力较低（50~70 kPa）。对这种浅层软基要采用换填为主的处治措施很难实施，则可采用"抛石挤淤"的处治措施。

② 适用条件：积水难排干、抛石挤入深度为软基厚度的 1/2~2/3、地面横坡近于水平状，路堤填土高 ≥5 m。

4.3 对旱地粉质黏土的处治

4.3.1 探讨此问题的由来

根据施工图阶段软基工程地质勘察资料，有注明旱地粉质黏土的地层，其性状为硬塑状，承载力多在 100 到 120 kPa 之间，含水量相对较低，现场开挖探坑侧壁直立，失水后有纵横开口裂缝，缝宽 0.5~1.0 cm，其厚度属于浅层—中厚层（3~5 m）。对旱地粉质黏土的处治一般有两种看法：不处治、适当处治。

4.3.2 旱地粉质黏土处治建议

基于下述两个原因：工程地质勘察时间受季节性的限制，可能未纳入暴雨最不利工况，各项软基指标偏高；现场排水环境会因施工而发生变化，可能会出现凹地积水，恶化软基特性。故建议对旱地粉质黏土，作为预加固做适当处理：于原地面增设排水垫层，以利疏干填方基底地下水。

4.4 中、厚层软弱地基的处治

4.4.1 中、厚层软弱地基处治的影响因素

（1）内部因素：包括软基的厚度、特性，是否存在不等厚软基，地面横坡状态，地形地貌及地表排水条件。这些基础资料需在工程地质详勘阶段获得。

（2）外部因素：路堤填土高度的大小，建设工期的长短（对排水固结法的加固措施能提供的有效排水固结时间），处治类型的选用（即排水固结法的加固类型或复合地基加固类型）等。

4.4.2　中、厚层软基常用的处治类型

（1）排水固结法处治类型：袋装砂井、塑料排水板、碎石桩等。

（2）复合地基处治类型：强夯筑柱、高压水泥搅拌桩、掺水泥的碎石桩。

（3）抗滑稳定措施：设反压护道、坡脚设抗滑挡墙、坡脚处设抗滑桩。

4.4.3　强夯筑柱的适用条件

（1）属于对软弱地基进行改良后的复合地基。

（2）用于浅填路堤或零填地段的路基，无须靠填筑体自重达到排水固结。

（3）其有效影响范围可达 5 m。软弱地基厚度一般在 3~5 m 地段适用。

（4）强夯筑柱措施能控制侧向位移，可用于斜坡软基地段。

4.4.4　塑料排水板的适用条件

（1）塑料排水板加固软弱地基的作用机理

厂制的塑料排水板，由插板机竖向置于软基后，系通过路堤填筑体的自重，迫使塑料排水板之间土体中的水进入排水板，成为承压水，并通过横向的排水垫层，向填方路堤两侧坡脚处排出，由临时纵向排水沟汇于洼地处。随着路堤填筑体的静载不断增加和时间的推移（预压期），促使软基地基不断排水固结，达到工后沉降满足设计要求。

（2）工后沉降的影响因素

根据塑料排水板加固软弱地基的作用机理，可以得到影响工后沉降的诸多因素：

① 首先是软基的厚度和特性。例如，根据沉降量计算，10 m 厚的软塑粉质黏土，其沉降量一般可达 100 cm 左右。

② 填土高度：静载越大，排水固结效果越好，可较大缩短预压期，以达到设计要求的工后沉降量。如深圳黄田机场，是在场坪设计标高的基础上，增设预压土（2～3 m）以及竖向排水井（$D = 1.0$ m）以加速排水固结、缩短建设工期。

③ 塑料排水板间距大小：现行规范规定，软基处治的排水体（袋装砂井、塑料排水板、碎石桩），其纵横间距为 1～2 m（等边三角形布设）。排水体的纵横间距越小，其排水固结越快、越好，而投入费用亦相应提高。

④ 有效排水固结时间：中、厚层软弱地基，在插入竖向塑料排水板后，考虑填筑体自重的施工期（一般设计按 6 个月考虑，并取 1/2）+预压期（一般设计按 6 个月考虑），这样便获得 270 天的有效排水固结时间。如受建设工期的控制，则须减小排水体的纵横间距以缩短排水固结时间。在公路系统中，很少采用填方路堤达到设计标高后增设预压土的处治措施以缩短排水固结时间。

⑤ 排水效果：排水固结法的作用机理，就是有效的将粉质黏土中的水尽快排出软层，使软层尽快固结、完成沉降，以提高地基承载力。现行的软基设计主要有 3 个措施：

第一，调小排水体的纵横间距。常用的排水体纵横间距一般为 $D = 1$ m、1.1 m、1.2 m。

第二，改塑料排水板为碎石桩，使承压水更多的进入排水体。

第三，将排水垫层（一般取厚 0.5 m）改为人字坡，提高横向排水效果（注：在横断面上防止设置竖向的排水垫层）。同时，对填方坡脚处的临时纵向排水沟加强疏通，尽量减少积水。

另外，沿海一带的机场跑道软基工程，曾采用埋设预制的钢筋砼圆管、并利用竖向机械抽水以加速排除地下水的措施。由于此类方法增加工程造价较多，在公路系统中没有采用过。

⑥ 工后容许沉降量的确定：《公路软土地基路堤设计与施工技术规范》（JTJ 017—96）表 5.1.2 规定，对高速公路、一级公路的一般路基地段，其工后容许沉降为 ≤0.3 m。但由于高速公路建设工期紧迫，常在路基工程完成后不久即实施路面工程，预压期很短，故要求工后容许沉降

接近于零，或一般人为地规定为 4~5 cm，其目的是保证在路面工程完工后不出现纵、横裂缝而受损。

⑦ 综上所述，工后沉降的影响因素，除软弱地基的厚度和特性外，可用下述关系来表达：

$$\Delta h = f(D, H, T, w) \tag{4-1}$$

式中　Δh——工后容许沉降量（cm）；

　　　D——排水体（塑料排水板、碎石桩）的纵横间距（m）；

　　　H——路堤填筑体的平均高度（m）；

　　　T——有效排水固结时间（含填筑期和预压期）（d）；

　　　w——排水垫层及坡脚纵向临时排水沟的排水效果。

（3）塑料排水板适用条件

① 不适用于零填路堤或浅填路堤。

② 路堤填筑平均高度为多少才能使用塑料排水板，则要按上述工后容许沉降的关系式，通过沉降计算确定。按一般的经验，当路堤填筑的平均高度≥5~7 m 时，有条件可使用塑料排水板。

③ 当地面横坡较大、或地面以下的软基为不等厚，虽有一定的填土高度可以达到排水固结效果，但存在斜坡软基问题，其侧向位移变形受控制，一般不采用塑料排水板加固类型。此时，应改用高压水泥搅拌桩或掺水泥的碎石桩的复合地基处治类型，并通过斜坡稳定检算，必要时辅以反压护道措施。

④ 综上所述，当有一定填土高度，地面横坡较缓，且软弱地基基本上为等厚的情况下，优先选用塑料排水板处治类型。而一定填土高度的界定，要通过试算确定。

4.4.5　碎石桩的适用条件

碎石桩软基加固类型，和袋装砂井、塑料排水板一样同属于排水固结法。常用碎石桩直径为 50 cm，间距 1~2 m，桩底设至硬层。

（1）由于碎石桩（$D = 50$ cm）每一延米的单价大体上为塑料排水板的 8~10 倍，经济指标较高，宜尽量少用。

（2）当采用塑料排水板的有效排水固结时间受控制，可考虑改用碎石桩以强化排水固结效果。

（3）和袋装砂井、塑料排水板一样，同样适用于有一定的填土高度、地面横坡较平缓、地面以下的软弱地基基本上为等厚的地段。

（4）由于碎石桩的排水固结效果较好，且对软弱地基的置换率较大，路堤变形时的潜在滑动面通过碎石桩的物理力学指标提高，对减缓侧向位移有利。故可作为斜坡软基稳定措施内容之一，配合反压护道达到抗滑目的。

（5）当碎石桩每一延米的单价高于高压水泥搅拌桩时，应放弃碎石桩改用高压水泥搅拌桩。

4.4.6　水泥搅拌桩、掺水泥碎石桩的适用条件

水泥搅拌桩、掺水泥碎石桩同属于复合地基，即不采用排水固结来达到加固软基的目的，而是通过成桩来改良中、厚层软弱地基的特性以消除沉降和提高承载力，具有置换的作用。

（1）当水泥搅拌桩每一延米的单价低于掺水泥碎石桩时，应选用水泥搅拌桩而放弃掺水泥碎石桩。

（2）如前所述，水泥搅拌桩或掺水泥碎石桩，可用于涵洞软弱地基明挖换填有困难的中、厚层软基地段，并使桩底直至硬层。

（3）用于路基的零填或浅填地段，配合排水垫层使成桩后的地基工后容许沉降和承载力满足设计要求。

（4）可用于斜坡软弱地基，使成桩后的斜坡软弱地基处于稳定状态，必要时配合反压护道或其他稳定措施。

（5）当采用排水固结法处治软弱地基时，若有效排水固结时间受限制，不能满足建设工期的要求，可改用水泥搅拌桩或掺水泥碎石桩。

5 斜坡路堤软基病害的处治

（2015 年 4 月 21 日）

近年来，由于施设时对斜坡路堤软基处治不彻底，对斜坡路堤软基处治三要求"沉降、侧移、有效施工期"管控不严，造成病害工点的数量倍增，引起多方面的损失和危害，需高度重视和总结。现以丽江至攀枝花高速公路庄上互通 K10＋080～K10＋300 段路基病害处治为例，做如下分析研究。

5.1 丽攀高速公路庄上互通 K10＋080～K10＋300 段路基病害处治情况简介

5.1.1 路堤变形情况

庄上互通 K10＋080～K10＋300 段于 2013 年 12 月建成通车，为高填斜坡软基。地表下为厚 4～6 m 的粉质黏土，下伏泥岩。斜坡路堤由主线、D 匝道、B 匝道组成，呈台阶式展布。主线的左侧为 D 和 B 匝道，左侧最大边坡高 16 m。原施工图设计的处治措施为"换填 1.0 m ＋片石排水沟"，并按此实施。

2014 年 8 月至 2015 年 1 月，因受区内降雨影响，出现路面纵向开裂（缝宽 5～10 mm），下边坡实体护坡纵向鼓胀、砂浆脱离，拱形护坡骨架出现开裂，下边坡边沟出现横向裂缝。整个高填斜坡软基处于蠕动变形阶段，为欠稳定的斜坡路堤。

5.1.2 变形监测情况

路堤病害发生后，业主委托四川省冶金地质勘查局 601 大队对庄上互通范围内的路基病害进行监测。根据初步监测资料，整个高填斜坡软基地段处于蠕动变形阶段，且有恶化趋势，并建议以钢管桩为主的处治设计方案。

5.1.3 处治设计方案的确定

根据既有的工程地质勘察资料，结合斜坡路堤变形情况，设计单位编制了两个处治方案："锚杆框架梁＋浆砌片石封闭"，估算工程造价 415 万元；"钢管桩＋锚杆框架梁＋浆砌片石封闭"，估算造价 490 万元。并经 2015 年 4 月 3 日评审，采用"以钢管桩为主的处治设计方案"，其具体措施内容为：

（1）浆砌片石封闭处理

其处治范围包括：主线右侧的 A 匝道、主线、D 匝道、B 匝道之间的洼地回填、夯实，边坡及平台的封闭处理，以及多条纵向排水沟的设置。防止地表水渗入路堤填筑体。

（2）主线左侧边坡的处治

根据监测资料，结合主线左、右幅路面已有纵向裂缝、主线左侧一级边坡的骨架护坡多处开裂变形，说明主线左侧边坡已有浅层滑面存在，判断主线左侧一级边坡处于不稳定状态，须作加固处理：3 m×3 m 框架梁压力注浆锚杆，锚杆直径 φ32，长 15 m，3～4 排，框架内做浆砌封闭处理。

（3）钢管桩侧向约束预加固

根据台阶式高填斜坡软基变形情况分析，本段存在侧移问题，处于蠕动变形阶段，整体滑移仍未出现。为安全计，确定采用施工周期较短的钢管桩作加固；设于 B 匝道左侧坡脚与改河侧墙之间，加固范围与改河地段相匹配，单排同一轴线，钢管桩为埋入式设有系梁，双排 φ203 mm，纵向间距 2 m，横向间距 1.5 m，梅花形布设，桩长 16～20 m，可抵抗侧向推力约 400 kN/m。

5.2 斜坡路堤软基病害发生前合理的施工图设计

设计单位对本段斜坡路堤软基出现变形开裂的原因进行分析，包括 3

个方面：地表水和地下水的影响；填料采用泥岩及泥质粉砂岩遇水软化；对软基厚 4~6 m 地段，采用"换填 1.0 m + 片石排水沟"，工后沉降时间较长。根据多处同类地段病害原因分析，其主因应属原施工图设计处治措施没有到位所致。

现对合理的施工图设计做如下的说明。

5.2.1　本段斜坡路堤软基的特征

（1）本段软基地处改河地段，要求先改河再做填方，且改河后的河床标高已高出泥岩土石界面标高，说明软基排水固结条件很差。

（2）本段斜坡路堤软基，系由 A 匝道、主线、D 匝道、B 匝道组成，且为台阶式，其形态如设多级反压护道，对软基处治克服斜坡稳定是有利的。

（3）存在地面有横坡外倾、软基为不等厚且有外倾现象，呈不等厚斜坡软基，故沉降和侧移同时受控，均要有对应措施。

（4）斜坡路堤的填料为半成岩的昔格达泥岩，故路堤填筑体的压实度受控，设计时须做强化处理。常用的措施有冲击碾压、普夯、土工格栅，以提高路堤填筑体的压实度和克服不均匀沉降。

（5）由于本段通车的工期受控，要求尽快建成，故软基处治不宜采用排水固结法。因为路堤土方工程完成后，紧跟实施路面工程，无预压期（一般要求 6~9 个月）来完成沉降，即工后的沉降量过大，达不到设计要求，致使已完成的路面工程出现开裂等病害。

5.2.2　不同厚度软基各种处治类型的适用条件

（1）"局部换填 + 纵横片石排水沟"

一般的设计原则是换填和片石排水沟的厚度为软基厚度的 2/3，为排水固结加固类型。要求地面横坡平缓、且有足够的预压期。对横坡较陡，侧向位移受控地段，不宜采用该处治类型。

（2）"全部换填 + 设台阶"

仅适用于软基厚度较薄地段（厚度≤2~3 m）；对厚度 > 3 m 的软基，建议不要使用，因弃方量和回填量都较大，对造价和工期均不利。

（3）"抛石挤淤或强夯筑柱"

① 此两种处治措施的优点：已为目前常用的处治方法，其主要优点是克服大量弃渣和大量回填，对工程造价和工期有利。即利用重锤和高落差，强行将片块石挤入软基，使软基改变特性，消除软基沉降量并提高承载力。其影响深度一般在 4 m 左右。

② 对工程效果的评价：

A. 适用条件：当软基厚度在 4 m 左右，地面横坡较平缓，且填土高度较矮（无填土静载的有效竖向压力）时，若采用"抛石挤淤或强夯筑柱"措施，在技术和经济指标上都具有明显优势。

B. 在下述情况下，不宜采用"抛石挤淤或强夯筑柱"处治类型：当软基厚度为 4~6 m，地面横坡平缓，且填土高度较高（>8 m），具有较好的排水固结条件，则可优先选用塑料排水板，其经济效果明显。

C. 当中厚层软基具有明显的横坡，应保证沉降和侧移同时受控：

a. 当软基厚度为 4~6 m，地面或软基具有明显的横坡，且填土高度较矮时，可采用"抛石挤淤或强夯筑柱 + 侧向约束（如钢管桩、旋挖桩、抗滑桩支挡类型）"。

b. 当软基厚度为 4~6 m，地面或软基具有明显横坡，且填土高度较高时（>8 m），可采用"塑料排水板 + 侧向约束（如钢管桩、旋挖桩、抗滑桩支挡类型）"。

（4）"塑料排水板"

在下列的条件下，对中厚层软基（4~6 m）应优先选用塑料排水板：地面横坡平缓，地形地貌有利地下水排出，有足够的填土高度（≥8 m），土方工程完成后保证至少有 6 个月的预压期才能实施路面工程。实践证明其沉降及侧移都能受控，且经济效果较好；但对较高的填方路堤，必要时可增设适当的反压护道作预加固。

（5）"碎石桩"

① 碎石桩的工程造价要大于塑料排水板，但对厚层软基（8~10 m），其软基沉降量接近 1.0 m 时，为缩短排水固结时间，减少预压期，争取路面工程及早实施，会采用造价较高的碎石桩加固类型。

② 碎石桩的使用同样要求地面横坡平缓，路堤填筑有一定的高度

（$H>8$ m），以及土方工程完成后至少 6 个月的预压期，才能使工后沉降量达到设计规范要求。

③ 但是对高填厚层软基，不管是高填方等厚软基，或是高填方不等厚斜坡软基，都存在路堤稳定性问题，须通过检索潜在滑动面进行稳定性计算，并采用对应措施，如增设反压护道。

（6）"CFG 桩"

① 适用范围：用于处理涵位中厚层软基（$H>4$ m），亦可用于填方厚层软基。由于 CFG 桩是属于非排水固结的复合地基，故对路堤填筑高度无特殊要求，即可用于低填方的厚层软基，无须靠填方高度的静载来加速排水固结。

② CFG 桩的作用机理：CFG 桩类同水泥搅拌桩，常用的设计参数为，桩径取 0.5 m，桩间距一般采用 1.5 m（但应通过计算确定），梅花形布设；CFG 桩体材料采用碎石、砂、粉煤灰、水泥配合而成，材料按 C10 砼强度等级进行配比，施工前 CFG 桩混合料配合比根据试桩的结果确定；在 CFG 桩施工完成 7 d 后，于复合地基上面铺设厚 50 cm 的砂砾石垫层，并通过试桩检测复合地基承载力是否满足设计要求。

（7）对路堤填筑体压实度的控制

路堤软基的工后沉降量由两部分组成：软基加固后的工后沉降量、路堤填筑体的工后沉降量。而路堤的填筑，应按施工规范的要求和沉降观测（竖向和侧向位移）控制填土速度，使路堤的稳定和排水固结处于可控状态。为确保路堤填筑体的压实度和工后沉降量达到设计要求，通常均采用补强措施，如普夯补强、冲击碾压补强以及增设土工格栅（对于高填斜坡，应设多组土工格栅，满足斜坡稳定的要求）以克服不均匀沉降。

5.2.3 庄上互通 K10 + 080 ~ K10 + 300 段中厚层斜坡软基的合理处治设计方案

（1）地表排水系统的设置

由于本段高填斜坡软基系由主线、D 匝道、B 匝道组成，且呈台阶状，路堤坡脚横宽达 100 m，地表受降雨渗水的影响较大，故在施工图设计阶段应采取：全封闭＋地表纵横排水系统措施。

（2）满足路堤填筑体压实度的补强措施

为解决工后沉降量达到设计要求、使路面工程不受损坏，对路堤的压实度控制采取补强措施是必要的：普夯或冲击碾压，以及铺设多组土工格栅（指主线、D匝道、B匝道路面下各区域）。

（3）中厚层斜坡软基（软基厚4～6m）处治

① 沉降控制：建议采用"强夯筑柱"的处治类型，并作个别设计，使强夯筑柱的影响深度达4～6m，成为复合地基，基本不受通车工期的限制。

② 侧向位移控制

A. 主线、D匝道、B匝道对应左侧边坡的侧移控制：可采用土工格栅措施。

B. 整个斜坡高填方的侧移控制：可于B匝道左侧边坡的中部设埋入式的钢管桩＋纵梁措施。钢管桩的设计外力，由检索的潜在滑动面计算下滑力确定。

5.3 对庄上互通 K10＋080～K10＋300 高填斜坡软基病害发生后处治措施评价

5.3.1 对路堤防排水措施的评价

地表水、地下水的不良影响是路基病害发生的原因之一，甚至是主因，故对地表防排水工程的设置是必不可少的。包括对边坡采取实体护坡，各级平台处纵向排水沟的设置，以及洼地回填夯实等。

5.3.2 对主线左侧路堤边坡做加固的评价

（1）由于主线左、右幅路面已出现纵向弧形裂缝（小于1cm，无错台），说明主线左侧边坡开始有蠕动变形，且有继续发展的趋势，应属于欠稳定边坡，故变更设计采用框架梁压力注浆锚杆做加固是必要的。

（2）在台阶式的高填斜坡大断面中，处于中部台阶的 D 匝道左侧边坡及路面，均未发现有开裂和变形迹象，仅于 D 匝道左侧坡脚处的边沟有横向裂缝。故判断 D 匝道处于基本稳定状态，而未做加固处理，仅对左侧边坡采取封闭措施。

（3）在台阶式的高填斜坡大断面中，处于下部台阶的 B 匝道，其左侧边坡已有变形迹象：实体护坡已出现纵向鼓胀、砂浆脱落。说明 B 匝道左侧边坡处于欠稳定状态，将在整体欠稳定的边坡处治中考虑。

5.3.3 对 B 匝道左侧边坡中部设埋入式钢管桩加固的评价

（1）加固的必要性

根据现场斜坡路堤变形情况和监测资料，结合左侧最下级边坡已出现纵向鼓胀，判断侧向位移已出现，为初始的蠕动变形阶段，且有发展趋势。因此，对侧向位移的加固处理是必须的，对现阶段而言属预加固。而对于沉降问题，尽管斜坡软基处治的压缩沉降还没有全部完成，但结合"主线左、右幅路面分布有纵向裂缝，裂缝宽 3～10 mm，无错台"等实际情况，判断沉降不是控制因素，即在路堤填筑过程中已完成大部分沉降量，故仅做路面工程的修复，无其他特殊处治内容。

（2）钢管桩设计外力取值

所采用钢管桩为预加固，判断深层滑动面仍未形成，故钢管桩承受的推力是随时间推移的一个变量。为安全计，采用检索最不利潜在滑动面的办法，计算滑坡推力作为钢管桩设计依据。

在变更设计中，采用双排钢管桩：钢管的外径 φ203 mm，壁厚 10 mm，钻孔直径为 φ250 mm，纵向间距 2 m，横向间距 1.5 m，梅花形布设，桩长 16～20 m，M30 水泥砂浆。如能将钢管桩的横向间距改为 2.0 m，加固效果会更好，一般可抵抗推力 450～500 kN/m。

6 公路软土地基路堤处治设计注意事项

（2012 年 9—10 月）

6.1 全面、准确的软基地勘资料是做好处治设计的基础

（1）应按《公路软土地基路堤设计与施工技术规范》（JTJ 017—96）的要求，做好各阶段的软基地勘工作。

（2）必要时，由业主主持请第三方进场对软基地段进行全面的补勘和核查。

（3）必要时，由业主安排施工单位对软基地段进行全面的补勘和核查。

（4）设计单位自行对重点软基地段作补充勘探。

（5）设计代表在现场跟踪掌握软基范围、深度、特性，搞好动态设计。

6.2 软基处治设计的标准要符合现场实际情况

6.2.1 容许工后沉降量

在《公路软土地基路堤设计与施工技术规范》（JTJ 017—96）中，已有明确规定，对高速公路及一级公路：桥台与路堤相邻处≤10 cm，涵洞及箱涵通道处≤20 cm，一般路段≤30 cm。但由于建设总工期的限制，有效排水固结时间常未能满足设计要求，造成通车后路面工程受损严重。故目前在有关规范修订前，各设计单位自订"容许工后沉降量接近于零"的技术标准。

6.2.2 有效排水固结时间的确定

（1）常规的设计：路堤填筑期按 6 个月，取其一半作为固结排水时

间；预压期按 6 个月计；共 9 个月为 270 天作为有效排水固结时间。在 270 天后，才能实施路面工程。

（2）非常规的设计：设计单位在拟定软基处治设计原则时，要掌握已审批的建设工期计划安排，以此倒推有效排水固结时间，作为软基处治设计依据。

6.2.3　采用复合地基加固软基的依据

（1）浅填方地段，填土高度≤2～4 m 时，静荷载较小，对加速排水固结不利。

（2）受地形、地貌限制，地表排水不畅的地段。

（3）受建设工期控制，没有预压期。

（4）复合地基的常用措施为：全部换填＋普夯；强夯筑柱；掺水泥的碎石桩；高压水泥旋喷搅拌桩。

6.3　软土地基路堤处治类型

6.3.1　浅层软基

软基厚度一般控制为 1～3 m，其处治类型多为换填、片石排水沟组合。路堤边坡的下方设有纵向片石排水沟，以便形成地下排水系统，片石排水沟的纵向间距多为 6～8 m。经回访复查后认为：推荐框架式的纵横片石排水沟，其间距均取 5 m 为好；未处理的软基厚宜≤1.0 m 为宜。

6.3.2　中厚层软基

软基厚度一般控制为 3～4 m，其处治类型多为换填、片石排水沟的组合措施或强夯筑柱，具体方案视填土高度而定。如为浅填路堤，其静荷载较弱，则宜采用强夯筑柱（复合地基）的处治类型，以控制工后沉降量满足设计要求。

6.3.3　厚层软基

经多年的工程实践和经济、技术比较后认为，当软基厚度≥4 m 时，可视为厚层软基,其处治类型首选塑料排水板,再根据实际情况比选碎石桩、掺水泥碎石桩、高压水泥旋喷搅拌桩方案。对于路堤填土高度较低,静荷载较小,排水固结条件较差地段,宜采用复合地基的加固类型(即掺水泥的碎石桩或高压水泥旋喷搅拌桩)。

6.3.4 其 他

桥台台背及涵洞基础软基,宜采用全部换填或掺水泥碎石桩加固类型;路堤两侧如有赔路工程,均应纳入软基加固范围;同一软基地段内,可采用不同的加固类型。

6.4 斜坡软基的处治

(1)斜坡软基已成为路基病害多发区,具体病害原因是多方面的,应引起高度重视。

(2)斜坡软基设计内容,应包括沉降处理、稳定(侧向位移)处理、有效排水固结时间控制(如采用排水固结法)等3个方面。

(3)稳定(侧向位移)处理。

① 对于斜坡软基,均应做稳定检算,检索潜在的最不利滑动面和落实滑动面的各项设计参数,按不同工况计算"滑坡"推力,并列表汇总和说明。

② 斜坡路堤稳定措施:

A. 反压护道:当横坡较陡时,反压护道的设置受限制,可不用。

B. 于斜坡路堤坡脚处设抗滑挡墙:当软基较厚时,该措施受限制。

C. 在有条件的地段可设人工开挖矩形抗滑桩,现场常用。

D. 当工期受限制,对下滑力 ≤500 kN/m 的地段,可设 2~3 排钢管桩(桩顶有纵向系梁连接为一整体),钢管桩的外径宜采用 $\phi 140$ mm(设有压浆孔)。钢管桩亦为应急抢险常用措施。

E. 当受工期限制且下滑力大于 500 kN/m 时,可考虑选用"旋挖机械成孔抗滑桩(设有纵向系梁,$D = 2$ m 左右)"。目前该措施已为常用。

6.5 软基路堤地段路面受损原因分析及处治措施

（1）路面工程本身施工质量问题引起的路面纵横裂缝，按修复路面处治。

（2）软基路堤填筑体施工质量问题引起路面工程出现纵横裂缝，则采用竖向钻孔注浆加固办法，纵横间距 2～2.5 m，梅花形布设，孔深为路堤填高的 1/2～1/3。

（3）软基路堤因建设总工期的安排，没有预压期（即预压期为零）引起的已成路面工程出现纵横裂缝，同样采用竖向钻孔注浆加固措施。

（4）当斜坡软基未考虑稳定措施，而造成已成公路工程出现路面受损、边坡滑塌、边坡外鼓，坡脚隆起等病害时，其处治措施：坡脚适当位置设钢管桩或旋挖桩、翻填加筋、修复坡面等措施。

注：上述认识，是在对三条在建高速公路的回访现场调查中的 18 个软基病害工点处治的基础资料总结的基础上，所进行粗浅的、初步的小结，有待今后工程实践中进一步验证。

7 顺层灰岩牵引式滑坡的处治

——记纳黔高速 C8 合同段 K44＋650～K44＋850
左侧灰岩顺层滑坡的处治经过
（2010 年 6 月 13 日）

7.1 基本情况

7.1.1 工程背景

（1）纳黔高速公路 C8 合同段 K44＋650～K44＋850 段以半填半挖路基通过，左侧为路堑边坡，边坡高约 14 m，边坡中部有赔路的乡村道路通过，右侧设有下方路肩支挡工程。在左侧路堑边坡的上方有省道 S321 线（大纳路）于此通过，为 S 形的线型，距高速公路主线的平面距离约 200 m，相对高差约 100 m。在高速公路施工前，大纳路该段已存在不均匀沉降、路面开裂、边坡坍塌等不良地质现象，已被泸州市交通局列为病害处治的大修地段。

（2）K44＋650～K44＋850 段左侧为斜坡地貌，横坡度 50°～60°；上为第四系堆积层，下为二叠系下统栖霞组灰岩，有溶蚀现象，顺层倾角 19°左右，并夹有黑色薄层沥青质页岩。原施工图设计认为顺层灰岩整体是稳定的，按一般路堑边坡设计。

7.1.2 第一次变形的认识和处理经过

因连续降雨，2009 年 7 月 14 日，该线路左侧路堑边坡出现多道裂缝、局部坍陷、民房墙体开裂等病害，大纳路不良地质现象也有恶化趋势。虽补充了工程地质勘察工作，由于地表有灰岩出露，误判为顺层灰岩整体是稳定的，边坡变形仅限于第四系堆积层，因此于 2010 年 2 月选用了以框架梁锚杆为主的加固措施，并展开施工，没有意识到灰岩的整体稳定存在问题。

7.1.3 其后出现大型滑坡的认识和处治措施

（1）2010 年 3 月 15 日凌晨，由于连续降雨，高速公路左侧路堑边坡上方 45 m 范围内突然发生滑动，滑体后缘距高速公路中线 40 m 处出现一条拉裂槽，槽宽 15～35 m，槽深约 20 m，滑体将已成型的路基全部覆盖，松散堆积体的厚度达 10～15 m，施工通道中断，地方输运通道亦受阻。拉裂槽顶出现 10 条不规则的裂缝，1～4 号裂缝密布于大纳路的右侧，省道大纳路已处于断道的危险境地。基岩顺层滑坡总滑体达数十万立方米，为顺层牵引式大型滑坡。

（2）2010 年 3 月 15 日滑坡病害发生当天，业主、设计、施工、监理、泸州市交通局、咨询等六方，计 40 多名技术人员和专家，在现场分批考察，并于现场召开应急会议作出部署与安排。会议决定：

① 大纳路应急抢险措施：于大纳路的右侧设置一排折线型的钢管砼桩，长 108 m，桩的长度 19～28 m，两排，梅花形布设，桩顶有联系梁；并立即安排于大纳路的靠山侧修建应急便道，长 240 m，以确保省道畅通；布置地表变形监测。

② 立即安排对该段的"滑坡地段工程地质详细勘察"。

③ 立即开展滑坡处治设计方案的研究。

（3）2010 年 5 月下旬，已完成 108 m 长的钢管砼桩工程、地勘报告、处治设计方案。并于 2010 年 6 月 9 日召开滑坡处治设计方案详审会，确定如下的处治措施：

① 大纳路的处治措施：包括 108 m 长的抢险应急钢管砼桩、新建 240 m 长的应急便道、大纳路右侧设置框架梁锚索加固工程、地表排水、地表变形监测等。

② 滑坡处治设计方案的确定：共做了 3 个滑坡处治设计方案，即抗滑桩处治方案（2 085.5 万元）、框架锚索+抗滑桩处治方案（1 880.6 万元）、锚索抗滑桩+抗滑桩处治方案（2 063.3 万元）。经比选，决定采用抗滑桩处治方案（2 085.5 万元），主要原因系灰岩溶槽不利因素。

③ 路堑挡墙、地表排水、边坡绿化、地表变形监测等措施。

7.2 从纳黔高速公路 K44＋650～K44＋850 顺层滑坡处治中吸取的教训

7.2.1 新建公路要注意周围的地物

本段路基左侧路堑边坡顶为已通车的大纳路，其存在不均匀沉降、路面开裂、边坡坍塌等不良地质现象，虽然远距新建公路中线 200 m，但有内在联系，新建公路边坡的稳定性直接与大纳路有关。认为红线以外的工程和新建公路无关，造成从认识上出现错判。

又如都汶路某路堑边坡的高压铁塔、攀田高速公路 E10 合同段的某堑顶公路及民房、广邻高速公路某右线隧道，都和本工点一样有着深刻的教训。

7.2.2 灰岩溶蚀区给新建公路带来的麻烦是多方面的

在以往的设计中，已注意对灰岩地区溶槽、溶沟要加强地勘工作，并做出相应的处理，但忽视灰岩地区还有顺层病害问题。造成对该灰岩地区的病害原因作出误判：认为灰岩本身整体是稳定的，2009 年 7 月 14 日的变形仅限于堆积层，仅看到地表有灰岩露头，没考虑灰岩存在顺层滑动问题。故 2010 年 2 月的框架梁锚杆的处治措施没有达到治本，失去针对性。

7.2.3 抗滑支挡类型的选用，要充分考虑灰岩地区溶槽、溶洞的不利因素

（1）已有 13 个钻孔资料和物探成果资料，说明该段灰岩地层除存在顺层问题外，仍然有较多的溶槽（黏土充填）、溶洞问题，且分布极不规律；溶槽和溶洞大小、高程也没有规律，随时都可能碰到。

（2）该顺层牵引式滑坡，在处治设计方案的研究过程中，主要考虑 3 种抗滑支挡类型，即：大面积的框架梁预应力锚索、预应力锚索抗滑桩、普通抗滑桩，分别配合不同的清方减载工程，组合成 3 个比较方案。最终推荐造价较高的两排普通抗滑桩方案。其主要原因：造价较低的框架

梁锚索方案接触溶槽、溶洞的机会更多，处理起来难度更大，造价和工期更不好控制。而普通抗滑桩仅有两排，而且是点式的，接触溶槽、溶洞的几率较小，便于处理，造价和工期便于控制。

7.2.4 顺层滑动面设计参数的选用

（1）在以往的设计中，多采用室内试验成果资料、判断现场稳定度的反算法、工程类比法等手段，综合分析后确定滑动面的设计参数（包括不同的工况），这种做法是比较切合实际的。

（2）但是还要注意一个问题：在地勘报告确定的滑坡范围内，需区分已变形滑动地段和潜在滑坡地段，在选取滑动面设计参数时要区别对待。即已滑动的滑面设计参数要低一些，潜在滑动面的设计参数要高一些。

7.2.5 多排抗滑桩平面位置的选择与抗滑桩截面尺寸的关系

抗滑桩截面尺寸的大小和桩的施工难易有关，一般取 2 m × 3 m 截面尺寸以下的桩便于施工；如采用 2.5 m × 3.5 m 的桩截面，往往施工安全难于控制，如矩形桩的长边易于缩孔、地下渗水量加大。因此对上下两排桩的平面设计，可调整桩的平面位置使总下滑力分配到上下两排时都比较均衡，控制每桩的设计外力为 1 000 ～ 1 200 kN/m，使桩的截面尺寸相对缩小。

7.2.6 其 他

同一个断面设有上下两排桩时，上排桩的桩外侧被动土压力可适当考虑，取 1/3 认为是比较安全的。

8 路堑边坡中部有重要构造物的设计原则

——以"达州至万州高速公路 DW08 合同段 K143＋140～
K143＋315 段路堑高边坡加固防护变更设计"为例
（2012 年 12 月 29 日）

8.1 基本概况

8.1.1 地质简况

K143＋140～K143＋315 段，左、右侧均为路堑高边坡，由厚度不等的砂、泥岩组成。左侧为反倾，岩层产状 32°∠5°～6°，有两组发育节理，岩层走向与路线走向斜交；右侧为顺向坡，有垂直和平行路线方向两组"X"形陡倾构造节理面，岩体切割破碎，呈碎裂结构。

8.1.2 原施工图设计情况

K143＋140～K143＋315 段左、右侧均为路堑高边坡，K143＋219 设有分离式立交桥上跨，为 1－65 m 钢筋砼箱板拱桥，桥长 114.8 m。

（1）K143＋219 钢筋砼箱板拱桥已建成。

（2）K143＋165～K143＋315 左侧路堑高边坡（现已开挖成型，未做防护及加固）：共 5 级，最大边坡高 46.6 m，1～4 级 1∶0.75、5 级 1∶1，1～2 级为框架梁普通锚杆（长 7 m）、3～5 级为挂网植草防护。

（3）K143＋140～K143＋265 右侧路堑高边坡（已开挖成型，未做防护及加固）：共 4 级，最大边坡高 41.3 m，1～3 级 1∶0.75、4 级 1∶1，1～2 级为框架梁普通锚杆（长 7 m）、3～4 级为挂网植草绿化防护。

8.1.3 变形情况及变形主因

（1）变形情况

因暴雨，于 2012 年 8 月 12—14 日，发现左侧 1#桥台左、右侧侧墙及前墙上部出现水平及斜向裂缝，裂缝宽 22～42 mm。截至 2012 年 8 月 24 日，1#桥台处坡体及桥台基础位置高程沉降 1 cm，向路线中线方向位移 1.3 cm。但右侧 14#桥台未发现变形迹象。

（2）变形主因

现左、右侧路堑边坡已开挖成形，但未做防护及加固，而上跨拱桥已建成，因受岩体坡面卸荷影响，节理张开，导致 1#桥台基础沉降外移。

8.1.4 变更设计主要措施

（1）1#桥台处治

采用 M10 环氧砂浆对裂缝做灌浆处理；对 1#桥台、拱座基础超挖处做嵌补、竖向钻孔锚杆注浆等处治措施。

（2）对左、右侧路堑高边坡处治

① 对上跨拱桥墩台横宽 28.5 m 地段内，做竖梁锚索、框架梁锚索、嵌补封面处理。锚索设计荷载为 75 T 级，纵向间距 4 m，共 15 排，锚索为 20 m、28 m、30 m 三种长度，锚固段长 10 m，无外力计算资料。边坡设计坡比 1∶0.75、1∶1。

② 其余地段为 4 m×3 m 框架梁压力注浆锚杆为主的处治措施：φ-32 的螺纹钢筋，锚杆为 12、15、18 m 三种长度，无破裂面分析资料。边坡坡比 1∶0.75。

8.2 路堑边坡中上部有重要构造物的设计原则

（1）路堑边坡中上部有重要构造物的定义

一般系指堑顶有既有的高压铁塔、既有通行公路、既有重要民房，以及在新建公路上有新建的上跨桥梁。每一种工况都应按个例处理。

（2）加固宽度的确定

本案例系在新建的公路上，新建 1-65 m 钢筋砼箱板上跨拱桥，桥长

114.8 m。其加固宽度 = 桥台宽度 8.5 m + 两端各 10 m = 28.5 m，被认为是合理的。（注：如为其他工况，应根据实际情况另设定其加固宽度。一般的加固宽度为 20～30 m。）

（3）加固范围内路堑边坡稳定安全系数的确定

① 非加固地段：按《公路路基设计规范》(JTG D30—2004)中路堑边坡的稳定安全系数要求确定，高速公路、一级公路：正常工况 $K = 1.2 \sim$ 1.3；非正常工况 I（暴雨）1.1～1.2；非正常工况 II（地震）1.05～1.1。

② 本案例的加固地段：建议取非正常工况 I（暴雨）1.5。

（4）潜在滑动面的确定

与路堑边坡的地层结构有关：一般分直线形、圆弧形、抛物线形、折线形。本案例为厚度不等的砂、泥岩互层，岩层产状 32°∠5°（4°24′），基本为水平状，排除顺层的可能。故拟定潜在滑动面按折线形考虑，且按水电系统水平导洞资料的工程类比和专家经验，初步拟定卸荷裂隙的水平宽度为 12～25 m，边坡上部的卸荷裂隙宽度要大于边坡的下部，由此绘制折线形的潜在滑动面。

（5）下滑力计算

按拟定的折线形潜在滑动面和经分析研究（可采用反算法）确定滑面 c、ϕ 值及滑体的重度，用条分法计算下滑力，作为锚索设计的依据。注：不能根据个人的经验设计锚索，要做到理论分析和工程经验相结合。

（6）实际验证的两种手段，应纳入设计文件中

① 在锚索施工造孔时，一定要编制"工程地质柱状图"，作为分析研究的基础资料。

② 要按施工规范要求，做锚索现场抗拔试验（锚索总数的 2%～3%，充分利用，不做破坏试验）。

③ 在施工过程中，做好动态优化设计。

（7）在加固范围内的框架梁锚索地段，对框架梁内做封闭处理，最好是浆砌片块石封闭，而挂铁丝网喷射 C20（12 cm 厚的）小石子砼亦被常用。但均需留有泄水孔。

（8）强化地表、地下排水系统更为重要：包括堑顶、每级边坡平台处的地表排水沟。本案例因有泥岩隔水层，现场有地下水出露，故设有仰斜排水孔。

（9）本案例系拱桥已建成，边坡开挖后未及时实施防护与加固措施，在卸荷裂隙的不利因素作用下，致使 1#桥台侧面产生水平及斜向裂缝，有下沉 1 cm、位移 1.3 cm 的变形量。故采用环氧砂浆注浆、对周围凹腔嵌补，竖梁锚索、竖向钻孔锚杆压力注浆等四种措施进行加固。

（10）变形监测：按现场实际情况确定监测方案，对象包括构造物和路堑高边坡，监测手段包括地表位移监测、深孔位移监测。

9 对处于潜在滑坡体的已建桥墩的加固

（2015 年 2 月 25 日）

因已建桥墩处于潜在滑坡体中部，对桥墩桩柱安全构成威胁，须进行加固处理。现以雅安—泸沽高速公路 K2013 + 928 白沙沟大桥 8#桥墩的加固为例，对该节内容进行如下讨论。

9.1 "白沙沟大桥桥下潜在滑坡处治"情况简介

9.1.1 已建桥位工程地质情况

雅安—泸沽高速公路 K2013 + 928 白沙沟大桥，为已建大桥，其中 7#、8#、9#墩位于一处潜在滑坡体的中部，滑坡对 8#墩的桩柱产生水平推力，构成安全威胁，须做加固处理。场地的地面横坡较陡（一般 1∶2 ～ 1∶2.5），8#墩处于沟心处，地面以下为弃土场的人工填土，厚约 12 m；下为角砾土，厚约 10 m；再下为散体状极破碎的白云岩。由于地面横坡陡、土层较厚，在暴雨作用下，已产生滑移现象。评审前设计文件认为：其潜在滑面位于岩土界面处，据条分法计算，在暴雨工况下，反算得 $\varphi = 28°$、$C = 9.6$ kPa；安全系数 $K = 1.15$ 时，最大下滑力为 1 689 kPa/m。

9.1.2 对 8#桥墩的加固措施

（1）变更设计过程

① 2013 年 3 月 15 日完成"雅沪高速公路 2012 年水毁综合整治工程应急抢险和专项处治工点施工图设计文件（含白沙沟大桥处治）"，并于 2013 年 3 月 15 日组织评审。

② 2014 年 6 月开始施工，在施工的过程中，发现施工图与现场实际

情况有明显差异和漏项情况，雅安公司以川高雅公司函〔2014〕40号文，请设计单位做修改设计。

③ 设计单位于 2014 年 11 月完成"K2013＋928 白沙沟大桥沟床及坡面防护设计文件"，并于 2015 年 2 月 6 日组织复审，其增加的工程费约为 1 000 万元。

（2）最终实施的加固措施

包括：沟心清方＋平整沟壁坡面（个别凹陷部分适当嵌补）挂网喷砼＋垫墩锚杆＋C20 片石砼矮挡墙＋抗滑桩＋C20 砼铺底＋截排水设施＋新增弃土场等。现将重点措施分述于后：

① 沟壁两侧的防护与加固：

A. 挂网喷厚 12 cm 的 C20 小石子砼。

B. 垫墩压力注浆锚杆：ϕ-32 mm，长 20 m，纵横间距为 3 m×3 m。

C. 沟壁下方设 4 m 高的片石砼矮挡墙。

② 埋入式普通抗滑桩：

A. 桩位：设于距中线右侧 20 m 处，设于 8#桥墩的下方。

B. 抗滑桩的设计外力：取最大主动土压力 1 319 kN/m。

C. 抗滑桩的截面尺寸为 2.5 m×3.5 m，桩的中心间距 6 m，桩长 35 m，共 5 根。

D. 桩顶左右两侧设 50 cm 厚的 C20 片石砼铺底。

③ 截排水：包括半环形截水沟及沟心 Y 形排水沟。

④ 新增弃土场一处：设于 8#桥墩外侧既有弃土场的下方。

9.2 桥下滑坡处治应思考的问题

9.2.1 抗滑桩的平面设计

为加固桥墩，其抗滑桩的平面布设有两种方案，设于桥墩桩柱的上方、设于桥墩桩柱的下方。可根据桥墩桩柱处于滑坡体的具体位置确定，当桥墩桩柱位于滑坡体的中上部时，抗滑桩的位置宜设于桩柱的外侧（下方）；当桥墩桩柱位于滑坡体中下部时，抗滑桩的位置宜设于桩柱的内侧（上方）。

9.2.2　桥墩的纵向加固宽度

抗滑桩设置的目的是为保桥墩的稳定与安全。桥墩的纵向加固宽度过小，会造成桥墩桩柱仍受水平推力的威胁；如桥墩的纵向加固宽度过大，则会增大工程投入。按工程类比成功的经验，桥墩的纵向加固宽度为 25～30 m，上述白沙沟大桥 8#桥墩的纵向加固宽度已达 30 m（即 4×6 m＋2×3 m＝30 m），可视为安全可靠。

9.2.3　抗滑桩设计外力取值

（1）必须增加主动土压力的计算，并与滑坡推力进行比较，取较大值作为抗滑桩设计的依据。上述白沙沟大桥沟心处角砾土与松散破碎白云岩的岩土界面埋入较深，至桩顶以下 18 m 处、桩后综合内摩擦角为 35°时，其主动土压力为 1 319 kN/m，大于滑坡推力。

（2）滑坡推力计算：

① 潜在滑动面的确定宜考虑往山侧延伸，其延伸范围为滑体厚度的 2～3 倍。

② 滑面设计参数的选用，宜采用反算法，关键要定好滑体现状的稳定度（安全系数），一般应取小于 1.0，如 0.99、0.98。

③ 须对 3 种工况同时进行下滑力计算：天然工况、暴雨工况、地震工况。

④ 安全系数取值，另专题说明。

⑤ 不考虑桩前被动土压力。

9.2.4　抗滑桩类型的选用

抗滑桩的类型计有埋入式、悬臂式；有普通抗滑桩和锚索抗滑桩。在下列情况下，宜选用锚索抗滑桩。

（1）当抗滑桩的截面尺寸大于 2 m×3 m 时：上述白沙沟大桥 8#桥墩的加固，其截面尺寸选用 2.5 m×3.5 m，属于大截面的抗滑桩，施工时遇到很多困难，主要是缩孔，对施工安全威胁很大，后来做变更设计，采取如下措施：① 加厚护壁取 0.3～0.35 m；② 每节护壁的深度由 1.0 m

改为 0.5 m；③ 护壁增加斜孔压力注浆锚杆（长 3～4 m）；④ 矩形桩的长短边增加井字形的钢管临时支撑，以确保抗滑桩的施工安全。

（2）当地面横坡和地层分界线较陡时：由于岩土界面横坡较陡，抗滑桩锚固段能提供的锚固力将受到影响，须增加锚固段的长度来提高锚固力，不利优化桩的长度。如采用锚索抗滑桩，则抗滑桩的受力情况发生变化，大大缩短桩长，减少施工难度。在困难情况下还可改用桩底增设"竖向钻孔压力注浆锚杆"措施，减少明挖锚固段的施工困难。

（3）当桩顶的位移量受控制时：在没有重要构造物的情况下，抗滑桩顶可以有适当的位移量，如允许 7～8 cm 的位移；由于桩内侧有已成的桥墩桩柱，不容许有水平推力作用于桩柱上，故要求桥墩桩柱外侧的新建抗滑桩，其桩顶位移量要严格控制，如 1～3 cm 的位移。当采用普通抗滑桩时，需增加抗滑桩的长度来达到桩顶微量位移的目的；如采用锚索抗滑桩，特别是采用大吨位的预应力锚索抗滑桩，相当于竖梁预应力锚索的结构类型，则大大缩短柱长。常用的每根抗滑桩可设 2～4 根锚索，每根锚索的设计荷载可取 50 t、75 t、100 t，根据下滑力的大小进行组合。

（4）散体状、极破碎的白云岩，其侧壁应力较低，要求增加锚固段长度，故采用锚索桩有利缩短桩长。

9.2.5 滑坡推力计算安全系数取值

（1）《公路路基设计规范》（JTG D30—2004）规定

① 路堑边坡稳定安全系数

高速公路和一级公路：天然工况 $K = 1.2～1.3$；暴雨工况 $K = 1.1～1.2$；地震工况 $K = 1.05～1.10$。

② 滑坡地段安全系数

高速公路和一级公路：天然工况 $K = 1.2～1.3$；暴雨工况 $K = 1.15～1.25$；地震工况 $K = 1.1～1.2$。

（2）当路堑边坡上有重要构造物时

如堑顶有高压铁塔、堑顶临近高速公路、堑顶有重要构造物（高层民房，农家乐建筑群）、路堑边坡中上部有天桥跨越（高速公路、机耕道、人行天桥、灌溉渠）等，要求路堑边坡在特殊的环境中，都处于永久稳定状态。尽管现行设计规范对安全系数的取值无明文规定，但在工程实践中均采取提高安全系数的做法，并要求坡面全封闭，其安全系数的取值 $K = 1.3 \sim 1.5$，以确保桥跨墩、台等重要构造物的永久稳定。

（3）特殊情况下的安全系数取值

因特大桥的施工组织设计要求，须于两岸设"锚碇工程"，即于桥跨的两岸同时设框架梁锚索，通过架设天线承受大桥在施工过程中的各种荷载，并严格要求确保施工安全。经过工程类比和现场实践经验总结，其框架梁锚索设计的安全系数为 $2.5 \sim 3.0$（多数采用安全系数为3）。

10 路堑边坡高位滑坡处治设计

（2014 年 10 月 9 日）

当路堑边坡由不同厚度的土层和岩层组成时，对土层边坡的处治须细心谨慎：如对薄层土质边坡应做防护或加固处治（放坡、上挡、锚杆加固）；而厚层土质边坡常在施工过程中出现工程滑坡，更有甚者由于设计不当造成二次处理。本节拟对路堑边坡高位滑坡处治设计中存在的一些技术问题进行如下讨论。

10.1 遂宁—广安高速公路 SGI 合同段金桥枢纽互通 CK0 + 447 ~ CK0 + 673 段右侧路堑边坡高位滑坡的处治

10.1.1 右侧路堑边坡的变形情况

CK0 + 447 ~ CK0 + 673 段右侧路堑边坡，上为卵石土、块石土，下为近水平状的粉砂质泥岩。原施工图设计的开挖坡比均为 1 : 0.75，共四级，最大边坡高 40.75 m，1 级为泥岩，其余三级均为卵石土、块石土，对土质边坡未作加固处理，施工图设计存在缺陷。自 2013 年 4 月开工以来，在开挖的过程中有变形迹象，截至 2014 年 1 月于堑顶后缘发生多条环形裂缝，最大张开 1 m 并形成错台，呈圈椅状，形成一处半坡的牵引式基岩切层滑坡，滑体最大厚度 29 m，平均厚度 22 m，面积约 16 650 m²，体积约 29.97 × 10⁴ m³，滑体处于蠕滑变形阶段。

10.1.2 滑坡地段的处治措施

根据 2014 年 5 月《CK0 + 447 ~ CK0 + 673 段右侧滑坡施工补充勘察

报告》（共补钻 7 孔），经分析研究后拟采用"对滑体作局部清方减载与支挡防护相结合的处治设计方案"：

（1）1 级边坡：高 10 m，设计坡比 1∶1，为普通框架梁锚杆，纵横间距为 3 m×4 m，ϕ-25 mm，锚杆长 7 m，处于泥岩层中。

（2）2 级边坡：高 10 m，设计坡比 1∶1.25，为普通框架梁锚杆，纵横间距 3 m×4 m，ϕ-25 mm，锚杆长 7 m，处于块石土层中。

（3）3 级边坡：高 5 m，设计坡比 1∶1.25，对 3 级边坡未做加固处理。

（4）3 级边坡以上做清方减载处理，平台宽达 61 m，5%横坡，局部清方数量为 15.8×10^4 m^3，占滑体总量的一半。

（5）1～2 级边坡之间设抗滑锚杆挡墙：墙高 4 m，顶宽 1.5 m，设斜锚杆两排：ϕ-25 mm，锚杆长 7 m。

（6）各级边坡之间设平台宽 4 m，并设有纵向半梯形排水沟。

（7）经减载后滑坡下滑力计算，认为减载后的滑体已处于稳定状态，1 级边坡顶的抗滑锚杆挡墙，仅作为土质边坡坡脚矮挡墙，起收坡效果。

10.1.3 经 2014 年 6 月 26 日及 2014 年 7 月 24 日评审后的咨询意见

（1）咨询专家对"局部清方减载后的滑体能否保证稳定"有不同的看法。

（2）对滑面设计参数的选用（容重、c 与 ϕ 值）、滑坡推力计算成果资料，初判与实际情况不相符，实际的下滑力可能大于计算的下滑力。

（3）按上述的处治措施实施后，可能会出现二次变更设计。

（4）建议对滑坡的处治设计方案重新复查。

10.2 路堑边坡高位滑坡处治设计中的几个问题

由于路堑边坡高位滑坡处治的影响因素较多、难度较大，且有失误的教训，故结合上述路堑边坡高位滑坡处治设计中的几个问题，做分析讨论。

10.2.1 高位滑坡处治设计基础资料的搜集

（1）补充工程地质勘察

可靠的工程地质勘察资料，是高位滑坡处治设计的依据。其中包括滑坡的成因、滑坡的机理、滑坡的边界范围、滑动面的形态和剪出口位置、地下水的活动规律、滑体的容重和滑动面设计参数的选用、对已成裂缝的调查研究等。对地质复杂地段，除现场调查研究外，还须通过钻探查清滑动面的具体位置。例如，当通过滑坡范围的路线纵长约 100 m 时，要求有 3 个代表性的工程地质横断面图，每一代表横断面须有 3 个钻孔资料，以确保滑动面形态的可靠性，并取样室内试验以获取滑动面的各项设计参数。

（2）现场实测横断面

通过现场调研，了解路堑高边坡施工过程及变形情况，现场实测横断面图，标出已产生裂缝和剪出口位置，并作工程地质填图。要求纵长每隔 20 m 或遇变化点处均实测横断面，为处治设计提供依据。

（3）相关水文资料的掌握

通过现场调查研究和钻孔柱状图，结合滑坡成因分析，掌握地下水及地表水活动规律，为滑坡处治设计提供依据。

10.2.2 高位滑坡推力计算

（1）滑坡推力计算安全系数的取值

根据《公路路基设计规范》，公路路堑边坡安全系数的取值，对高速公路、一级公路：正常工况（天然）$K = 1.20 \sim 1.30$，非正常工况 Ⅰ（暴雨）$K = 1.10 \sim 1.20$，非正常工况 Ⅱ（地震）$K = 1.05 \sim 1.10$。并根据现场实际情况和工程的重要性，可分别取上限、中值、下限，经分析研究后确定安全系数的取值。

（2）滑坡推力计算代表性断面的选用

当路线通过滑坡体纵长为 100 m 时，应有 3 个代表性的工程地质横断面图进行滑坡推力计算，切忌一个断面的推力计算代表全段。并应按初拟采用横断面设计图、支挡构造物空间位置，计算滑坡剩余下滑力。

（3）滑动面设计参数的选用

① 应有钻孔取样室内试验的成果资料。该成果资料由于受取样的代表性、季节性、离散性等因素影响，尚不能最终作为选用设计参数，须通过分析研究后确定。

② 运用反算法求得的滑面设计参数，可作为主要研究依据。其中应注意：取原地面线、已成路堑边坡开挖坡比；稳定度（有些设计单位称安全系数）的选用要根据现场实际情况确定（如已成滑坡，滑动面已贯通，其稳定度可取 0.99；如滑动面没贯通，处于蠕动变形阶段，其稳定度可取大些，0.995 或 1.00）；另外是容重如何选用。一般设计者会偏低取值，致使剩余下滑力偏小，影响构造物的安全。

③ 综合分析研究后确定滑动面的设计参数：通过室内试验资料、反算后的成果资料、同类地质环境的经验资料，对三者进行综合分析研究后最终确定。

④ 对块石土与泥岩之间的滑动面，在饱和状态下其内摩擦角为 8°，内聚力 9.16 kPa，可供参考。

（4）滑坡剩余下滑力计算成果资料的汇总

在成果汇总表中包括：多个代表性的工程地质横断面图，拟采用的横断面设计图和支挡构造物的平面位置，天然、暴雨、地震三种不同工况对应的容重和 c、ϕ 值，并附加设计说明。据此取滑坡剩余下滑力的最大值作为设计依据。

10.2.3　高位滑坡处治设计方案的研究

（1）高位滑坡处治设计方案有 3 种可能性：

① 对已成滑体或潜在滑坡体作全部清除设计方案。

对路堑边坡的高位滑坡采用全部清方方案，是最彻底的处治措施。如纳黔高速公路一处高位滑坡，经历了两年的多次变更设计，最终对已成 20 多万立方米的滑体，做全部清方处理。但应考虑是在建设期内或已通车的高速公路、增设弃土场的可能性、施工便道、弃土场的防护费用及征地可能性等因素，综合比选后确定。

② 对已成滑坡体或潜在滑体作局部减载设计方案。

对滑坡体作局部减载的设计方案，常为研究处治设计方案的重点对象，它具有弃方量少、减少新征地的优势，并可为支挡工程类型的选用提供自由度。但滑体的减载量与支挡工程类型选用要做到互相匹配。由于高位滑坡对支挡类型的选用受到一定的限制，不宜采用单一的钢管桩或抗滑桩，对桩前岩体的稳定度有严格的控制，以防桩前岩体变形使支挡构造物失稳（如广邻高速公路某已施工半坡抗滑桩失稳，造成二次变更设计）。故对局部减载后的不稳定滑体，宜采用综合的支挡类型：如采用"框架梁锚索（杆）+ 滑体的末端使用矮挡墙、斜锚杆矮挡墙或承受侧向推力较小的钢管桩"的组合支挡类型。

③ 对已成滑体或潜在滑体不减载，全部抗滑支挡设计方案。

该处治设计方案，仅适用于剩余下滑力不太大的情况下，一般控制在下滑力不大于 1 000 kN/m 左右。即有条件使用锚索技术，对应急抢险工程，可使用两组大直径钢管桩（每组 3 排钢管桩）。除剩余滑坡推力的大小受限外，还应注意设计坡体在加固过程中不出现变形或滑移，使加固工程能够实施。曾有一处高位滑坡，在其处治过程中，于锚索工程实施前发生变形滑移，致脚手架、已成锚索受损失效，而做二次变更设计。

（2）抗滑支挡类型的选用：

① 尽可能避免单一的使用抗滑桩。因为高位滑坡桩前有临空面，致使桩前抗体的稳定性难以保证，进而会影响锚固段嵌固力的正常发挥，造成桩顶位移量过大而失效。该不良现象常有发生，须引起注意。必要时可采用"抗滑桩 + 锚索"，控制抗滑桩的设计外力在 1 000 kN/m 左右。

② 比较成功的抗滑支挡类型为："矮挡墙 + 框架梁锚索"或"斜锚杆矮挡墙 + 框架梁锚索"。同样应保证加固工程在实施过程中，已开挖边坡处于临时稳定状态。

③ 对抢险应急工程，常有在滑体的前缘采用钢管桩的加固类型。一般设 3 排大直径钢管桩 + 联系梁，其设计外力控制在 ≤500 kN/m，使滑体处于临时稳定状态；再于桩顶设框架梁锚索，达到永久稳定。

（3）排水系统的设置和对已成裂缝作夯填处理，已是高位滑坡处治必不可少的措施。地下排水的处理应以地表调绘和钻孔资料为依据。对地下水补给较丰富的地段，应考虑设置仰斜排水孔或盲沟，使地下水排出滑体。

（4）高位滑坡的滑体确定采用全部清方减载的处治设计方案，均存在征地、占地过多的问题。建议考虑在清方减载后的大平台进行复耕的可能性研究，并应有完善的永久地表排水系统，一并列入竣工验收的内容。

（5）高位滑坡的下边坡一般都为软质的泥岩或砂泥岩互层，其设计坡比宜采用 1：1.0，并做防护与加固（如采用框架梁锚杆），使滑动面以下的软质岩层，处于永久稳定状态。

11 广甘高速公路宝轮服务区大型顺层滑坡的处治

（2010 年 12 月 14 日）

11.1 基本情况

11.1.1 宝轮右侧服务区大型顺层滑坡的工程地质简况

本段右侧大型顺层滑坡，地表为粉质黏土、块碎石土，植被良好，长有茂密树木；下为风化的砂岩夹泥层，其中在不同深度夹有导致顺层滑坡的炭质泥岩（为可塑状），岩层倾角 18°～30°。

11.1.2 变更设计经过

（1）原施工图设计为保护植被、节省用地，采用"框架梁锚杆加固措施"。

（2）2009 年雨季后，因路堑边坡开挖卸荷临空，产生两处顺层滑坡，经对服务区优化设计，采用阶梯型横断面形式（目的为减小桩长），并于 2010 年 2 月提交了"清方减载 + 普通全埋式抗滑桩"的处治措施。但因各种原因仅作排水工程，清方及支挡措施未实施。

（3）2010 年 7—8 月，广元市发生特大洪灾，该顺层滑坡又迅速扩大恶化，最大横向的发展水平距离距中线 270 m，纵长延伸为 613 m，共有 1#、2#、3#、4#共 4 个顺层滑坡，及 1#、2#路堑高边坡，错落高度 4～6 m，裂缝密布，形成一个大型的顺层滑坡。

① K50 + 910～K50 + 985 为 4#顺层滑坡；

② K51 + 056～K51 + 176 为 3#顺层滑坡；

③ K51 + 176～K51 + 212 为 2#路堑高边坡；

④ K51 + 212～K51 + 269 为 2#顺层滑坡；

⑤ K51＋269～K51＋476 为 1#顺层滑坡；

⑥ K51＋476～K51＋523 为 1#路堑高边坡。

（4）2010 年 9 月广甘公司委托设计单位对该顺层滑坡做勘察设计，于 2010 年 12 月提交《工程地质勘察报告》和《顺层滑坡治理工程施工图设计》。

（5）顺层滑坡处治主要工程措施：清方减载、地表排水系统、仰斜排水孔、框架梁锚杆、框架梁锚索、普通抗滑桩、锚索抗滑桩等综合处治措施。

11.1.3 顺层滑坡的主要原因

（1）路堑边坡挖方卸荷，未及时做边坡加固处理。

（2）特大暴雨地表水下渗，使炭质泥岩软化，强度降低。

（3）有 18°～30°的倾角，沿着层面下滑。

（4）出现已成的顺层滑动面和潜在的顺层滑动面。

11.2 宝轮服务区大型顺层滑坡处治的原则

（1）应从工程地质选线的原则确定好线位。

对大型顺层滑坡地段，在公路选线时要有绕避的比较方案。本段设计即采用服务区改为横向设置阶梯式，以提高服务区地面标高、减少抗滑桩的长度，进而减少工作量。

（2）当顺层滑坡选用以抗滑桩为主的处治措施时，抗滑支挡工程应及时跟上，一般要求在雨季前完成主体工程。否则潜在顺层滑坡会提前发生，其规模和范围扩大恶化，更难于处理。

（3）不同时间段投资比例：据初步统计，拟采用支挡抗滑措施的顺层潜在滑坡地段，经过两个水文年（特别其中有暴雨或洪灾），在不同时间段实施支挡加固工程的实际投资比例为：雨季前及时支挡：第一个水文年后做支挡：第二个水文年（暴雨或洪灾）滑坡后做处治 = 1：1.5：3.5。该投资比例充分说明及时支挡防护是上策。

（4）对潜在顺层滑坡，刷坡清方数量如何确定？

① 全部刷坡清方处治措施：在确定该处治设计方案时，下面列举的诸因素要充分考虑。如植被的良好程度，占地征地的可能性，土石方的合理调配，是作为利用土石方还是要设弃土场，当地生态环境要求，堑顶是否有高压铁塔、门形电杆、地方道路等地物存在。在广元—巴中高速公路建设中，多处采用全部刷坡清方后做植草绿化措施，通车后效果尚好。

② 若对潜在顺层滑坡全部顺层刷坡数量较大，实施起来非常困难（甚至无法实施），这时需考虑部分刷坡清方，则有清方量如何确定的问题。具体设计时常采用试算法，即控制局部清方后的设计线与潜在滑动面组成的滑坡边界所产生的下滑力在 $1\,000 \sim 1\,500$ kN/m。即存在清方量 $W = f(E_{nax})$ 的一个函数关系，使支挡工程能实际实施。

（5）潜在顺层滑动面的确定：

① 常规的做法：以挖方边坡的路面标高作为滑动面的出口标高，其与顺层的倾角所形成的连线作为潜在顺层滑动面，据此作为设计的依据。

② 特殊情况：当砂泥岩互层中的泥岩夹有一层软弱面，即炭质泥岩（呈可塑状），此时要取炭质泥岩的连线作为潜在的滑动面，其于路堑边坡出口端剪出，深入路面标高以下。这样处理即是寻找最大顺层下滑力作为设计的依据，本工点宝轮服务区顺层滑坡即遵循此思路。

（6）潜在顺层下滑力计算。

其影响因素包括：

① 通过钻孔勘探资料，分析研究并确定潜在滑动面。

② 路堑边坡开挖设计线，作为滑体的边界。

③ 最不利工况（暴雨或地震）、最不利重度（有时取 $21 \sim 21.5$ kN/m^3）和 c、ϕ 值及桩位，作为设计最大下滑力依据。（注：地勘资料提供的下滑力应重算。）

④ 桩前的被动土压力在恶劣条件下应取零，以提高安全度。

⑤ 列表汇总，并作说明。

（7）潜在顺层剩余下滑力的分配。

由于下滑力（E_{nax}）较大，仅靠一排抗滑支挡构造物难以实施，这时便存在下滑力的分配问题。现行规范和设计手册对该问题未做交代，目前（最近十多年）的经验做法：

① 下排构造物取（1/2）E_{nax}、上排构造物取（1/2）E_{nax}。

② 下排构造物取（3/5）E_{nax}、上排构造物取（2/5）E_{nax}。

（8）抗滑支挡构造物的平面布设和选型。

① 平面布设：下排抗滑桩的平面布设分侧沟边的悬臂桩和靠山侧的全埋式桩；上排支挡构造物则布设于下滑力为（2/5）E_{nax} ~（1/2）E_{nax}所在位置。

② 抗滑支挡构造物选型：

A. 下排支挡构造物选型（常用）：

a. 悬臂普通抗滑桩、锚索桩板墙。

b. 全埋式普通抗滑桩、全埋式锚索抗滑桩。

B. 上排支挡构造物选型：为防止越顶，常采用群锚的支挡类型。即：垫墩锚索、竖梁锚索、框架梁锚索。

（9）克服群锚预应力损失的措施：

对地表为块碎石土、风化较严重的软质岩层，为防止锚索预应力松弛、损失，目前常用的措施有：

① 加大框架梁截面：0.7 m（宽）×0.6 m（高）。[注：一般情况 0.4 m（宽）×0.5 m（高）即可。]

② 框架梁的节点处采用正方形，增大受压面。

③ 竖梁末端伸入地面以下 1.0 ~ 1.5 m（配筋）。

④ 框架梁采用半埋入式。

12 斜坡路堤稳定处治措施

（2009 年 8 月 12 日）

关于斜坡路堤失稳问题，最近几年有上升趋势，多数是表现在斜坡路堤建成以后发生失稳，亦有在斜坡路堤修建的过程中出现问题。以 2009 年上半年以来处理过的斜坡路堤稳定问题为例，对本节内容展开如下讨论。

12.1 在建的纳黔高速公路 K113 + 430 ~ K113 + 540 斜坡软基

12.1.1 基本情况

K113 + 430 ~ k113 + 540 为一斜坡软基，最大路堤边坡高 18 m，为山间洼地软弱地基，地表有横坡，软基亦存在斜坡，最大软基厚达 7.5 m，为淤泥质黏土，黑色，含水量大。但在施工图设计中，由于没有工程地质勘察资料，仅于斜坡路堤底面的水田地表铺设 1.1 m 厚的块片石垫层，没按"斜坡软基"做处治。2009 年 7 月下旬，因连续降雨，斜坡软基路堤在填高 3.0 m 的工况下，路堤变形、下滑，右侧半幅路堤错落，高差 2.5 m，坡脚外鼓失稳，形成病害。如图 12-1 所示。

12.1.2 处治措施

（1）补做工程地质勘察，实测工程地质横断面、地表水文资料。

（2）为解决软基沉降问题，确定采用"振动沉管碎石桩"。

（3）为解决斜坡软基侧向位移问题，确定采用反压护道或坡脚抗滑桩。

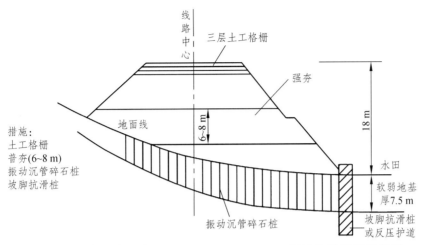

图 12-1 纳黔高速公路 K113+430~K113+540 斜坡软基断面示意图

12.1.3 经验与教训

（1）对斜坡软基，一定要有工程地质勘察资料作为设计的依据。在地勘资料不齐、不全的情况下，设计代表要常驻现场，做好动态管理和动态设计，在施工过程中将地质灾害处理稳妥。

（2）凡是斜坡软基要引起高度重视，一定要进行稳定和沉降计算；对斜坡软基的侧向位移问题，采取对策措施。

12.2 成渝公路成渝界收费站斜坡路堤滑移变形

12.2.1 基本情况

成渝公路已通车多年。但成渝界收费站左侧的斜坡路堤，于 2009 年6 月下旬，因连续降雨造成地表水、地下水丰富，进一步引起路堤基底软化、地下水渗入路堤填筑体，诱发斜坡路堤滑移，危及左幅路堤稳定，仅能维持单道通行。如图 12-2 所示。

12.2.2 处治措施

由于新征地困难，无法采取反压护道措施，为防止成渝界收费站左幅路基断道，采取"路堤式桩基托梁挡墙"的处治措施。

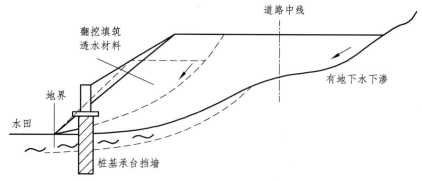

图 12-2　成渝公路成渝界收费站斜坡路堤断面示意图

12.2.3　经验与教训

（1）对地表水、地下水丰富地段的斜坡路堤，一定要有排水措施，如：斜坡地面线铺设排水垫层、路堤填料采用渗水填料、地下水出露处设置仰斜排水孔。

（2）对已通车地段有新征地困难、处治措施施工干扰、维持通车安全等问题，故没有条件采取反压护道为主的措施，最终采用"路堤式桩基承台挡墙＋适当翻填渗水性材料"。

12.3　映秀—日隆公路 K85 斜坡路肩挡墙倾倒处治

12.3.1　基本情况

映秀—日隆公路为震后恢复重建公路。K85 斜坡路肩挡墙（高 6.0 m），"5·12"汶川地震后没有倾倒，而在 2009 年 7 月中旬连续降雨后发生倾倒。该段斜坡路堤地面横坡 1∶1，为斜坡堆积体，据钻探资料堆积体厚大于 20 m。由于堆积体结构松散，表水下渗严重，且地下水的活动较为活跃，致使 6.0 m 高的路肩挡墙基础土层软化，促使挡墙外倾。如图 12-3 所示。

12.3.2　处治措施

为保证右幅路基维持通车，确定采用"路肩式摩擦桩基承台挡墙＋仰斜排水孔"，目前正在组织抢修施工中。

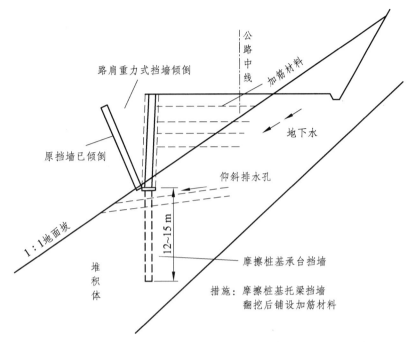

图 12-3　映秀—日隆公路 K85 斜坡路肩挡墙倾倒段断面示意图

12.3.3　经验与教训

（1）在有地表水、地下水活动的斜坡路堤，一定要做好排水工程。

（2）挡墙地段地基容许承载力，一定要考虑最不利工况，如土层地基受软化后的不利因素。

12.4　纳黔高速公路 K121＋430 水井沟大桥黔端岸坡陡坡失稳的处治

12.4.1　基本情况

纳黔高速公路 C18 合同段 K121＋430 水井沟大桥黔端岸坡 8#台与 7#墩之间岸坡（纵向）陡坡失稳，对桥墩、台的施工及运营安全构成威胁，须及时处治，如图 12-4 所示。造成岸坡陡坡失稳的原因：

（1）地层结构因素：7#墩与8#台均设计为桩基础，桩基进入基岩。7#墩的桩基承台上，均为堆积层，土质结构松散，地表水易于下渗，使土层软化，强度降低。

（2）施工场地布设不当：由于施工场地狭小，施工场地的堆料场布设于土层之上，增加土层边坡荷载，是岸坡陡坡失稳的原因之一。

（3）地表水、地下水的作用使土层（堆积层）软化，强度降低，促使堆积层失稳，使7#墩与8#台的桩基无法施工，施工安全无法保证。

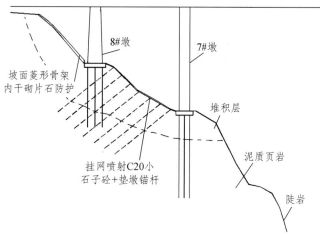

图 12-4　纳黔高速 K121＋430 水井沟大桥黔端岸坡陡坡失稳断面示意图

12.4.2　处治措施

经再次工程地质调查确认，做出"7#墩下方的陡岩为稳定"的评价，仅对岸坡堆积层失稳后进行处治。具体措施为：

（1）强化地表排水系统：分为施工期间临时地表排水系统，以及运营期间永久地表排水系统的建立。

（2）在堆积层的防护与加固工程完成后，才能施工墩、台桩基工程。

（3）8#台靠山侧边坡，局部清方后采用"菱形骨架内干砌片石封闭"防护措施，左右侧各 10 m。

（4）8#台与 7#墩之间岸坡，局部清方后采用"挂网喷射 C20 小石子砼（厚 12 cm）＋垫墩锚杆"加固措施，左右侧各 10 m。

12.4.3 经验与教训

（1）岸坡斜坡稳定问题，应纳入桥梁设计组成内容。其岸坡斜坡稳定的表现形式计有：库岸再造、岸坡处于临界稳定状态、便道施工引起岸坡失稳、暴雨及地震不利工况、施工场地布设不合理对岸坡增加荷载等。

（2）墩、台桩基设计，一般不考虑横向推力，故对岸坡陡坡可能失稳的处治，应纳入设计范围，做防护与加固处理，其上下游处治范围，以保护墩台的安全为原则。

12.5 攀田高速公路总发立交 B 匝道斜坡路堤滑坡处治（BK0＋290～＋350）

12.5.1 基本情况

（1）攀田高速公路总发立交 B 匝道斜坡路堤，于 2008 年 12 月建成通车。由于设计、施工、养护均存在不足，在连续降雨的工况下，于 2009 年 8 月 5 日整个斜坡路堤产生滑坡，B 匝道被迫停止使用，改道通行。

（2）该段斜坡路堤，最大边坡高 4 m，填方基底为斜坡的昔格达泥岩、粉砂岩，填料为透水性较强的石英闪长岩，仅有挖横向台阶的处治措施，斜坡路堤的处治措施没有到位；施工期间对靠山侧以及土路肩的地表水处理不当，使大量地表水下渗，软化基底；养护部门对主线的边坡防护不力，表水直冲而下。故在连续降雨的不利工况下，路堤失稳滑动，道路中断，滑坡纵长 60 m。如图 12-5 所示。

12.5.2 处治措施

（1）对滑体翻挖，分层夯压并分层设加筋材料。

（2）强化地表、地下排水系统，设有地表排水沟和仰斜排水孔。

（3）由于陡坡路堤下方为连续陡坡，路堤坡脚外的边坡稳定经评估后为临界稳定状态，此处为红线以外，故设置"钢管桩"以保证斜坡路堤稳定。

（4）加强滑坡监测。

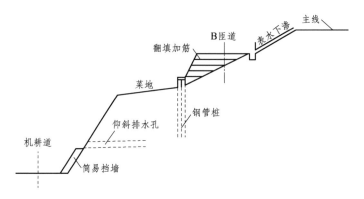

图 12-5　攀田高速总发立交 B 匝道斜坡路堤滑坡断面示意图

12.5.3　经验与教训

（1）当斜坡路堤处于地表水下渗严重，且填方基底为昔格达泥岩的半成岩地段的非正常不利工况时，对斜坡路堤的处治仅靠设置台阶是不能解决问题的，属措施不到位。

（2）对斜坡路堤的处治，要核查各局部（即斜坡路堤的上部、中部、下部）对整体稳定性的影响。该工点的斜坡路堤下部为处于陡坎的临界稳定堆积体，对斜坡路堤的稳定构成潜在威胁。故采用"钢管桩"支挡措施，防止下部堆积层失稳，牵引斜坡路堤变形。

12.6　攀田高速公路 E2 合同段 K173＋100～＋140 路肩挡墙背不均匀沉降

12.6.1　基本情况

K173＋100～＋140 为斜坡路堤，左侧设有 8 m 高的路肩衡重挡墙，2007 年 12 月竣工。2009 年 6 月 16 日该段左幅行车道出现纵向裂缝，纵长 40 m，缝宽 10 mm，路面最大下沉量 12～20 cm，已危及行车安全，但路肩挡墙完好无损，属挡墙背不均匀沉降。如图 12-6 所示。

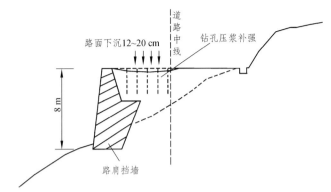

图 12-6　攀田高速 E2 合同段 K173 + 100 ~ + 140 路肩挡墙背不均匀
沉降工点断面示意图

12.6.2　处治措施

已按 "4 ~ 5 排 2.5 × 2.5 m 钻孔压浆（深度 6.0 m）" 处理完毕，使不均匀沉降逐渐减小，有利路面工程复修。

12.6.3　经验与教训

（1）在高速公路的设计中，一般仅注意桥台台背路基不均匀沉降的处理，常常忽视挡墙背、涵洞边墙背的不均匀沉降。由于挡墙背填筑体场地狭小，施工机械难以分层夯实，其压实度难以达到设计要求，为墙背不均匀沉降的发生创造了条件，需引起重视。

（2）处治措施：

① 掺灰法（8%），做分层人工夯压。

② 加筋法（层高 30 cm），做分层人工夯压。

③ 钻孔压浆补强法：现场做压实度检测，当压实度达不到设计要求时，采用钻孔压浆补强。

12.7　西攀高速公路 A1 合同段 K1 + 950 ~ K2 + 344 斜坡路堤病害处治

12.7.1　基本情况

（1）该段为斜坡路堤，最大路堤边坡高 10 m 左右，其填方基底及填料均为含砾低液限黏土，2000 年年底完工，已通车 4～5 年。2004 年 6 月以后出现路面纵向开裂、路堤边坡鼓胀等病害。如图 12-7 所示。

（2）病害产生原因

① 为斜坡路堤。

② 基底和填料均为含砾低液限黏土，遇水易软化。

③ 连续暴雨造成地表水下渗，使路堤及基底土层软化强度降低，使路面下沉开裂、边坡外鼓。

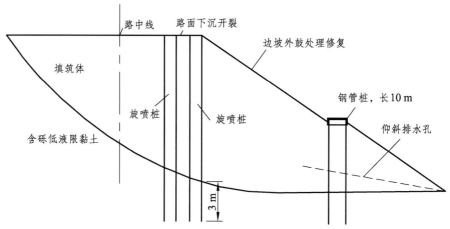

图 12-7　西攀高速 A1 合同段 K1＋950～K2＋344 斜坡路堤路面开裂工点断面示意图

12.7.2　处治措施

"旋喷桩＋坡脚钢管桩＋边坡外鼓处理修复＋左侧排水沟修复＋仰斜排水孔＋路面恢复"。

12.7.3　经验与教训

（1）当斜坡路堤的基底及填料均为特殊类土（含砾低液限黏土）时，均存在遇水软化、沉降问题，仅靠设置横向台阶尚不能保证斜坡路堤稳定。

（2）较合理的设计方案："斜坡路堤填方基底设置纵横片石盲沟（并配有排水垫层）＋填筑体铺设加筋材料（如土工格室）＋路面结构层下作强夯补强。"

（3）病害发生后，曾有"钻孔压浆"加固措施，施工时因含砾低液限黏土的黏土含量比重较大，难于达到设计要求而停工；后改用"旋喷桩"工艺才达到改良土层目的。故"钻孔压浆"措施有其特定的使用条件。

12.8 西攀高速公路 A3 合同段 K6 + 950 ~ + 980、K7 + 800 ~ + 851 两段斜坡路堤病害处治

12.8.1 基本情况

（1）上述两段均为斜坡路堤，其斜坡路堤基底及填料均为容易遇水软化产生不均匀沉降的特殊类土（含砾低液限黏土）。该两段斜坡路堤均为西攀高速公路的试验路段，1998 年开始施工，2000 年建成，2004 年 6 月开始逐年发生路面开裂、边坡外鼓等病害。如图 12-8 所示。

（2）该两段斜坡路堤出现病害的原因：填方基底和填料均为特殊土层，遇水易于软化；历年地表水下渗及斜坡地形导致路面开裂和水平位移。

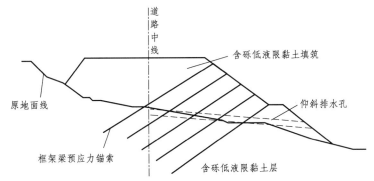

图 12-8 西攀高速 A3 合同段 K6 + 950 ~ + 980、K7 + 800 ~ + 851
两段斜坡路堤病害典型断面示意图

12.8.2 处治措施

"框架梁预应力锚索 + 仰斜排水孔"。

12.8.3 经验与教训

（1）西攀高速公路路基试验段的成果证明：含砾低液限黏土，无论是作为基底或填料均须经过改良或处理。

（2）处治的合理措施是：基底采用排水垫层＋纵横盲沟；填筑体应考虑分层加筋做改良，以克服不均匀沉降和解决边坡稳定。

（3）对通车地段的病害处治，考虑维持通车，被迫使用框架梁锚索和仰斜排水孔。

13 路堤桩板墙外倾变位处治措施

（2011 年 10 月 23 日）

13.1 基本情况

13.1.1 原施工图设计情况

成都至南充高速公路 Lj9 合同段 K81 + 014 ~ K81 + 128，长 114 m，地表为浅层软土层，下为风化砂泥岩互层，为一高填斜坡路堤。施工图设计：于右侧路肩下 8 m 处，设悬臂式抗滑桩板墙，为内挂挡土板，共 20 根抗滑桩，截面尺寸为 2 m × 3 m，桩中心距为 5 m，桩长 24 m，悬臂段长 14 m，锚固段长 10 m。桩位变形前已填筑至桩顶高程。

13.1.2 桩板墙变形情况

2011 年 10 月 16 日，当路堤填筑至桩顶高程时，抗滑桩即出现变位。据现场监测，20 根桩均有外倾变形，其中 8#、9#、10#桩最为严重，实测得桩顶位移量达 1.3 m，桩外侧地面处位移量达 64 cm，目前暂未发现断桩，处于停工待处状态。

13.1.3 变形原因与分析

（1）抗滑桩的设计外力，与实际的横推力出入较大，设计采用外力偏小。

原施工图设计系按库仑主动土压力（$E = 97.5$ t/m）考虑的，种种迹象表明，推测其下滑力已达 150 t/m 左右，致使抗滑桩外倾变形。

（2）原施工图设计的锚固段长度（10 m）偏短。

设计系从地面下 1 m 处作为锚固段的起点，但实际的黏土层厚度要大于 1 m，且砂泥岩互层处于强风化状态，其侧壁抗力较低。

（3）桩外侧水塘影响。

距桩外侧约 7 m 处有一水塘，纵长 45 m，塘水深约 2 m，下有 4 m 厚淤泥，水塘外侧为农田。较大地削弱了锚固段的嵌固功能。

13.2　目前采用的应急抢险措施

基于"没有断桩"，经现场调查研究后，采取如下应急措施：

（1）继续加强监测，其监测内容包括对桩体、地表大范围的变位监测，通过对桩体的监测落实是否断桩，并做好记录和分析，为安全施工和处治设计提供依据。

（2）立即展开工程地质复查工作，补做钻孔和坑探，对桩位外倾变形原因做进一步分析，编制补充工程地质勘察报告，为处治设计方案提供依据。

（3）立即补征地，为提前临时和永久反压加固措施的施工提供条件。

（4）对已填筑体组织卸载，卸载厚度 3～5 m，以减少桩位外倾继续恶化。

（5）对水塘做抽水、排污、反压、夯实，以提高桩前抗力。

（6）对桩前受挤压地层作"钢花管注浆加固"：设 3 排钢管桩、桩顶高出地面 2 m，钢管桩底伸入抗滑桩底 3 m，设联系梁。

（7）强化地表临时排水系统，防止表水下渗，以减少桩体侧压受力。

13.3　处治设计方案的编制

（1）桩前地层加固：对桩前砂泥岩互层受挤压体，做钢管桩加固。

（2）提前永久反压：通过稳定计算确定反压体的截面尺寸，确定反压体的高度和宽度，并做边坡防护处理。

（3）将右侧已外倾变形的"路堤桩板墙"改为"大头垫墩锚索桩"。其中最重要的是设计外力的确定，拟按潜在滑坡、暴雨工况复查设计外力，做个别设计。加固系统由大吨位的数排锚索组成。

（4）对未完成的填筑体另做个别设计，拟做加筋处理，路堤两侧做骨架植草防护。

（5）因地制宜地设计地表永久排水系统。

（6）编制指导性施工组织设计和施工工艺、施工顺序、施工注意事项。

13.4 从路堤桩板墙的外倾变形得到的启示

（1）当考虑"长桩的路堤桩板墙"，在确定构造物的类型时，无论是在初设或施设阶段，均应有"路"和"桥"两个比较方案，通过同等精度的比选后确定。

（2）在施工图阶段确定采用路基通过时，应有工程地质详勘资料作为设计的支撑。

（3）"路堤桩板墙"悬臂段的最大长度，一般控制为 8~10 m；当悬臂段长度超过 10 m 时，应有相应的强化措施。

（4）"路堤桩板墙"设计的重要内容，是所采用设计外力的确定：

① 库仑土压力设计成果。

② 检索路堤填筑体最不利潜在滑面（圆弧形滑面）的推力。

③ 按斜坡路堤土石界面为潜在滑面计算下滑力。

根据上述计算成果，分析研究后取横推力的大值为设计依据。

（5）"普通路堤桩板墙"的最大外力，一般控制在 100 t/m 左右；当设计外力大于 100 t/m 时，应考虑"锚索桩板墙"结构类型。

（6）抗滑桩锚固段的起点，应在确定的滑动面以下 1.5 m 处。对强风化的砂泥岩互层地段，其锚固段的长度应为桩长的 1/2。

（7）对桩前地层的地形、地貌，以及横坡情况要有全面的了解，对其稳定性要做评价。控制横断面测量时，要适当扩大范围。

（8）如抗滑桩预留锚索孔时，对桩外侧的受压区要预设竖钢筋以强化其抗拉强度。

14 小口径钢管群桩的应用

（2009 年 3 月 24 日）

14.1 "小口径钢管群桩"的应用发展概况

14.1.1 工程背景

传统的抗滑支挡构造物计有抗滑桩、预应力锚索抗滑桩、悬臂桩板墙等，这些措施的特点是具有较强的抗滑能力，可达 1 000 ~ 2 200 kN/m。但其不利的一面是：地下作业均为人工开挖，一般工期较长；对于高位滑坡的支挡工程，存在"大量弃渣短途运输、砂石料进场、井下抽水、放炮开挖"等困难，甚至存在地面沉降、成桩困难等不利因素。因此在特定的条件下，"小口径钢管群桩"就应运而生，且具有较强的生命力，成为工程界广泛接受的结构类型。

14.1.2 "小口径钢管群桩"的优点与不足

（1）优点方面：

① 能缩短施工周期，多用于抢险工程。

② 改抗滑桩的地下作业为钢管桩的地表作业。可减少弃渣处理、减少井下抽水、减少井下放炮施工、减少地面塌陷概率、减少因施工出现事故处理，俗称"五减少"。

③ 在施工现场周围有建筑物的场地，由于挖井过程中有抽水作业，会给场地带来不均匀沉降，而采用钢管群桩则可避免不均匀沉降。

④ 对抢险工程、高位滑坡、填方路堤坡脚处理，以及已通车铁路、公路工程的不良地段处治，都具有明显的优点。

（2）存在哪些不足：

① 抗滑能力相对较低：一般较为理想的工况，可相当于大截面的抗

滑挡墙，即土压力在 500 kN/m 左右，其工程效果较好。当滑坡推力（或土压力）在 1 000 kN/m 左右，其工程造价与抗滑桩相比基本持平或略高。当滑坡推力大于 1 000 kN/m 时，其工程造价要比抗滑桩高，采用小口径钢管群桩则要通过技术经济比较。总之，在下滑力小于 1 000 kN/m 的情况下有使用价值。

② 受力机理的理论研究仍在探索中，远没有抗滑桩在理论上成熟。"小口径钢管群桩"的构件由 3 部分组成：钢管（或在无缝钢花管中配有 2 ~ 3 根 φ32 钢筋）、土与砂浆组合后的改良土（如果施工工艺控制得好，可达到 C15 的强度）、土层。其组合强度很难做出定量的分析。因此，在现阶段只有借用抗滑桩的计算公式来确定群桩截面（含配筋）、受荷段长度、锚固段长度，工程设计中常结合类比法与工程实践经验。

14.2 "小口径钢管群桩"的模式

14.2.1 类似于抗滑桩的模式

（1）由若干根小口径无缝钢花管组成，相当于一根抗滑桩（如，曾在四川达州电业局滑坡抢险处治中，限于现场条件无法明挖桩孔，采用过此种模式：于 2 m × 3 m 的"桩"截面内，纵横布置若干根小口径钢花管）。按常规模式根据滑坡推力的大小，通过计算确定桩的截面、配筋、受荷段长度、锚固段长度、桩的总长。然后根据桩的截面大小，按纵、横排列布置若干根钢管桩。视钢管桩之间的土体都处于水泥砂浆注浆的有效影响半径范围内。实际操作中通过注浆试验确定注浆工艺，使钢管桩之间的土体都得到改良以达到 C15 混凝土的强度。

（2）为使"小口径钢管群桩"的工程效果达到预期目的，在实践中做了许多加强措施和改进：

① 根据工程实际需要和无缝钢管成批生产的规格选用无缝钢管型号（在市场上能买得到的规格）。常用的有外径 φ-146 mm，并自行加工注浆孔（φ-2 cm），按螺旋型布设，尽量减少同一横截面上注浆孔数量。各节钢管间的接头处理，推荐采用母子扣（现场加工）的形式，不宜采用对接的办法。

② 可于无缝钢管内配制钢筋以提升钢管桩的强度。根据工程需要和无缝钢管的内径，可配入 1~3 根 φ32 钢筋，并通过水泥砂浆使钢筋与钢管形成强度较大的整体。钢管与钢筋可不等长。

③ 钢管的锚固段一定要进入较完整的基岩，使其工程效果与抗滑桩类同。钢管内在锚固段中均有配筋，而在滑动面以上的配筋可为不等长。

④ 为使"小口径钢管群桩"有更理想的整体性，于桩顶处均采用纵梁联结。通常纵向每 3 根"小口径钢管群桩"为一单元，纵梁与桩的主筋要连为一体，以提高桩的强度。

⑤ 当下滑力 ≥1 000~1 200 kN/m 时，在有条件的地段可设计为"预应力锚索 + 小口径钢管群桩"。需注意在施工顺序上采用先锚索后纵梁的施工方法，锚索可布设于钢管群桩之间的纵梁上，预留锚索孔。每一单元的纵梁可布设 2 根或 4 根锚索，使之平衡受力。

⑥ 关键问题是注浆效果：对每一个处治工点都要做个别设计，包括水泥砂浆的级配、初始注浆压力、最大注浆压力、设计的影响半径（常用的注浆影响直径为 50 cm）、复喷间隔时间等。

14.2.2　类似于连续墙的模式

（1）平面布设：根据滑坡推力的大小，在平面上布设有 2 排或 3 排钢管桩，在纵向上为连续贯通的，类似于连续墙，不同于常规情况下每根钢管群桩之间有间距。其优点是可以减小钢管桩的横向布设排数，有利于施工时场地平整；其缺点是桩后滑体地下水难以排泄。

（2）钢管桩顶的处理：采用三角形或梯形的联系梁，其优点是可以减小圬工，节省造价；但没有条件设置预应力锚索。如需采用"锚索 + 钢管桩"，则要设置纵梁，才有条件预留锚索孔。

（3）钢管的注浆孔仅设于管体末端，靠 7 MPa 的高压力由桩底自下而上的注浆。这种施工工艺能满足锚固段的强度，但受荷段桩间土体的强度难于控制。

（4）上述结构模式系"广甘高速公路小直径钢管排桩抗滑机理及施工工艺研究"的成果资料推广使用的，曾用于广甘高速公路 K100 + 900 ~ K101 + 160 木门互通第一级滑坡的处治工程中。目前，此种模式已于四川公路系统中广泛采用。

14.3 "小口径钢管群桩"使用条件

（1）当滑坡推力小于 500 kN/m 时，可采用单排的贯通式"小口径钢管群桩"结构类型。

（2）当滑坡推力为 800～1 000 kN/m 时，可尝试选用间隔式"小口径钢管群桩"结构类型。

（3）当滑坡推力为 1 000～1 300 kN/m 时，可尝试选用间隔式"预应力锚索 + 小口径钢管群桩"。

（4）"小口径钢管群桩"一般用于受施工工期限制的抢险工程、弃渣运输极为困难或材料进场极为困难的滑坡灾害整治工程、周围有构造物对不均匀沉降敏感场地，以及地下水较丰富明挖成桩困难的地段。

（5）钢管桩的锚固段一定要进入基岩，以保证锚固段有良好的工作条件。

（6）由于钢管群桩的设计理论仍在探索中，强调桩前被动土压力区不被破坏，具体设计中不考虑桩前被动土压力以作为安全储备。

（7）要有现场工程试验的成果资料，作为优化设计依据。

（8）对于"类似于连续墙的模式"，常与仰斜排水孔措施相配合。

15 桩基承台挡墙设计中的一些问题

（2013 年 7 月 10 日）

在特定的地形、地质条件下，路肩挡墙的基础处治类型计有人工扩大基础、锚杆（索）人工扩大基础、桩基承台、锚杆（索）桩基承台等。本节以"丽攀高速公路 K37 + 173 ~ K37 + 213 段右侧原路肩衡重式挡墙失稳，改为桩基承台挡墙"的病害处治为例，对桩基承台挡墙设计中的一些问题进行探讨。

15.1　基本概况

15.1.1　原路肩挡墙设计情况

K37 + 118 ~ K37 + 273 段的右侧，原设计为路肩衡重式挡墙，墙高 7 ~ 12 m，其中 K37 + 168 ~ K37 + 195 段墙高 12 m，下部为 2 m 厚的片石砼基础，设计要求地基承载力不小于 400 kPa。挡墙基础的地质条件为上覆 2 ~ 4 m 人工弃土，下为全风化花岗岩。

15.1.2　挡墙变形、病害情况

该段挡墙于 2011 年 11 月开始施工，2012 年 5 月完成并开始填筑路基，2012 年 12 月 1 日填筑至距墙顶标高 2 ~ 3 m 时，K37 + 173 ~ K37 + 212 段挡墙发生病害：墙身外倾 5 cm；沉降缝开裂 4 ~ 6 cm；墙基外侧地面隆起，见多条裂缝，宽 2 ~ 5 cm，延伸长 3 ~ 10 m。经 2012 年 12 月 1 日至 8 日观测，挡墙外倾已达 7 cm。

15.1.3　处治措施

由于挡墙基底为全风化花岗岩，实际最大墙高达 15 ~ 17 m，挡墙基

础的最大压应力达 680 kPa，远大于实际的容许承载力，导致挡墙变形外倾，且仍在继续发展恶化。为了确保挡墙自身稳定和挡墙外侧陡坎下学校教学楼的安全，经反复研究后，确定采用"桩基承台挡墙"：对 K37 + 173 ~ K37 + 213 段纵长 40 m 已变形外倾的挡墙拆除重建（已成挡墙经评估为不可利用），共设桩 8 根，桩的截面尺寸 2 m × 3 m，桩长 18 m；承台每单元纵长 10 m，宽 5 m，高 2 m；路肩衡重式挡墙高 11 ~ 12 m，墙背设大台阶。

15.2 "桩基承台挡墙"设计中的几个问题

15.2.1 必须有较准确的工程地质资料作为设计依据

没有可靠的工程地质资料作为设计的支撑，将一事无成。许多斜坡路堤都因地勘资料不足，设计不当，造成路基失稳。特别是高挡墙地段，要做到稳定、滑移双控。本工程实例最大墙高达 16.46 m，设计要求地基承载力 680 kPa，而实际置于全风化花岗岩地层上，其容许承载力仅有 300 kPa。故路肩墙外倾 7 cm，沉降缝开裂 4 ~ 6 cm，墙外侧隆起并产生裂缝是必然的结果。

地勘资料中，应核查是否包含地质调查、坑探、钻探、绘制岩层分界线以及稳定性评价等内容。

15.2.2 "高桩承台挡墙"的处治措施

（1）"桩基承台挡墙"的合理墙高一般控制在 10 m 以内，最大墙高控制在 12 m 以内，路肩墙太高对控制稳定和滑移不利。

（2）"高桩承台"设计的两个问题：① 由于受地形限制，将会出现高桩承台的现象，即承台底桩与桩之间有空洞，造成桩与桩之间土体滑移。例如，路线通过"V"形沟谷，沟心处的地面标高较低，则会出现高桩承台，承台底下有洼地须做处理。② 挡墙背的静止土压力增大［静止土压力 E_0 = 1/2 × 墙背填土容重 γ × 挡墙高度 H^2 × 静止土压力系数（砂性土取 0.34 ~ 0.45）］，造成挡墙截面尺寸偏小而失稳。

（3）对以上两个问题的处治措施：① 对承台底桩与桩之间的空洞，

用 C25 砼增设垫基，其宽度与承台相同，厚度应埋入松散土层以下，达到桩间土体不产生滑移（或可用挡土板、护面墙，内部填土）。② 对承台背做处理，相当于增设人工基础，可用 C25 砼，结合桩后地面横坡，增设倒梯形的稳定人工基础。其目的是使墙背的破裂面不伸入墙底标高，不增加墙背的土压力，确保挡墙的稳定与安全。

15.2.3　挡墙与承台的连接

（1）一般要求挡墙、承台、桩基的重心的垂线基本在一条轴线上，也可考虑挡墙向靠山侧适当内移，以提高墙的抗倾能力。

（2）并通过桩的竖向配筋进入承台，承台与挡墙底面用竖向短钢筋的连接等措施，使桩基承台挡墙成为一个整体。

承台抗滑措施：

① 抗滑桩的竖向主筋进入承台高度的 1/2～1/3，使桩与承台连为一体。

② 墙底面与承台之间采用倾斜面或竖向锚杆连接，锚杆长 0.6～0.8 m，各进入墙和承台 0.3～0.4 m，纵横间距 1.5 m，使墙与承台连为一体。

③ 承台外侧增设抗滑键。

15.2.4　挡墙及桩基的设计外力

（1）挡墙设计外力

按对应的墙高，确定墙背主动土压力 E_0，求得挡墙的截面尺寸。但在高桩承台工点，通过对桩与桩之间的空隙采用垫基的措施，适当增加墙后垫基横宽，确保墙背土压力 E_0 没有增值，使挡墙处于稳定状态。

（2）桩基设计外力

当斜坡地段的地层稳定，设桩基的目的是为满足挡墙地基承载力时，桩基的横向推力仅为挡墙主动土压力；当斜坡地段具有软弱地层，如地面下有粉质黏土，构成斜坡滑移的潜在滑动面时，应按滑坡推力作为设计桩基的外力。后者的情况经常出现，桩基的设计外力应按最不利的推力考虑。

① 当承台顶标高以下的地基是稳定的，不存在承台以下出现潜在破

裂面（滑动面），可按墙背主动土压力作为桩基设计依据，求解桩长、截面尺寸、间距、锚固段长度。

② 对于横坡较陡、有地下水活动、地基土层较厚的地段，为确保桩基承台挡墙的稳定，应考虑最不利的潜在滑动面产生的下滑力 E（一般 $E>E_0$），作为桩基设计依据，并求解桩长、截面尺寸、间距、锚固段长度。

注：

（1）桩基承台挡墙建成后变形破坏的实例很少，主要系实际产生的桩后外力小于设计能提供的抗力，一般设计桩的长度及配筋的安全系数较大。

（2）每根桩所受的外力：侧压力×承台纵长/2 根桩。要求桩的纵向布设要均匀。

15.2.5　承台设计

（1）常规设计：承台的纵长一般取 10 ~ 12 m，高 2 m，宽为挡墙底宽加两侧襟边宽度（即挡墙底宽 $B + 2 \times 60$ cm），并做配筋。

（2）加大靠山侧承台襟边的措施：

在《成昆铁路勘测设计总结》报告中，铁西车站 DK3723 + 50 ~ DK3723 + 79 工点采用的桩基承台挡墙，其承台截面没有采用常用的矩形截面，而是采用异形截面，如图 15-1 所示。

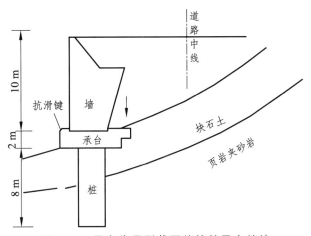

图 15-1　承台为异形截面的桩基承台挡墙

① 承台的外侧设有抗滑键。

② 承台的内侧（靠山侧）加大承台宽度，为阶梯形，相当于增设第二个衡重台，增加了承台内侧的土柱压力，对桩基承台挡墙的抗弯是有利的。

15.2.6　桩基类型的选用

（1）常用的桩基类型：①单排的人工开挖矩形抗滑桩，于纵长 10 m 的承台下设桩 2 根；②受地下水位控制（如，桩基设于临河边），人工开挖成孔困难，可采用单排或双排的机械钻孔灌注桩或旋挖桩；③受工期控制，且侧向推力为 450～500 kN/m 时，可用设有系梁（承台）的钢管桩：3 排，Φ-140 mm，纵向间距 1.5～2.0 m，横向间距按承台宽度布设（尽量增加横宽以提高抗弯性能）。

（2）建议尽量选用人工开挖抗滑桩，并结合工期要求、工程地质和水文地质（地下水）等实际情况，经技术、经济比选后确定。

16 轻型支挡结构类型的应用

（2015 年 3 月 10 日）

结合《峨边彝族自治县黑竹沟镇至勒乌乡公路建设工程 K3＋740～K3＋810 段路基垮塌处治工程施工图设计文件》（2015 年初编制），以该工点针对既有路肩挡墙垮塌地段选用轻型支挡结构类型（钢管桩基高承台挡墙）为工程实例，对本节内容进行如下讨论。

16.1 峨边县黑竹沟镇至勒乌乡公路建设工程 K3＋740～K3＋810 段应用轻型支挡结构的设计情况

16.1.1 既有路肩挡墙变形破坏情况

K3＋740～K3＋810 段为横坡较陡的斜坡路基，原地表以下为块碎石堆积体，堆积体的形态为上厚下薄，于横断面图上近似呈倒三角分布，下伏灰岩。既有路肩衡重式挡墙，最大墙高 11～12 m，挡墙基础置于块碎石堆积体上。由于斜坡体本身自稳能力较差，路肩墙自重作用在基底一定范围新增附加应力，2014 年雨季强降雨进一步削弱路肩墙附近斜坡土体稳定性，造成该段肩墙整体倾倒垮塌，须恢复重建，亟待处理。

16.1.2 处治措施

（1）先按工程地质调绘资料进行设计，在施工前补充工程地质勘探（9 个钻孔），进而根据详细的地勘资料，对原设计进行调整和优化。

（2）病害处治措施：

选用轻型支挡结构类型（钢管桩基＋高承台挡墙＋垫墩压力注浆锚杆的复合加固措施）。

① 钢管桩：φ140 mm（钻孔直径 φ182 mm），纵横间距为 1.5 m×1.0 m，共 3 排，梅花形布设，钢管桩长 20 m、25 m、27 m 三种，钢管桩顶与高承台顶齐平。

② 高承台挡墙：墙高采用 7 m、8 m、9 m 三种，做配筋设计，断面形式为台阶形，顶宽 1.5 m，台阶宽 1.0 m，台阶高为承台高的 1/2，底宽 2.5 m，并按梅花形布设泄水孔。

③ 高承台挡墙上设垫墩压力注浆锚杆：取 φ32 mm 精轧螺纹钢筋，纵横间距为 3 m×2 m，锚杆长 12～20 m，3～4 排。

④ 挡墙外侧下边坡的"挂网喷砼＋垫墩压力注浆锚杆＋挡墙"加固措施，未出设计图，无工程数量，作为下阶段加固设计内容。

⑤ 本次处治措施，仅针对垮塌路基地段进行设计，不涉及上边坡稳定性的处治措施。

⑥ 后期加强对该段路基及下边坡的监测。

16.2 轻型支挡结构类型在设计中应注意问题

16.2.1 不同类型路肩挡墙的适用条件

（1）常规路肩挡墙：路肩衡重式挡墙或路肩重力式（仰斜式）挡墙，其面坡分别为 1：0.05 和 1：0.25，可根据地面横坡、土层厚度选用。

（2）扩大基础路肩挡墙：根据地面横坡和基岩稳定情况，选用台阶式扩大基础、锚杆（索）台阶式扩大基础。

（3）桩基＋承台＋挡墙：其桩基可根据现场实际情况，选用人工开挖矩形桩基、钢管桩基、旋挖机械造孔桩基，并根据横向推力设单排或多排桩基；然后在桩基上设承台（纵向系梁）和圬工挡墙。

（4）轻型支挡（桩基高承台挡墙）：除桩基的设置外，主要体现在将承台和挡墙合为一体，用高承台替代承台和挡墙，高承台须做配筋处理。并根据现场实际情况，经比较后选用矩形抗滑桩、多排钢管桩、单排旋挖桩，或锚索（杆）桩基（适用于外力较大的地段）。

16.2.2 桩基高承台挡墙设计外力的确定

（1）应有足够的工程地质勘察资料（含钻孔资料）作为设计的依据。

避免采用先设计后地勘的做法，要求在详勘的基础上开展设计。

（2）设计外力的确定：分别计算墙位处的主动土压力和沿岩土界面的潜在滑动面所产生的下滑力，取大值作为设计依据。根据轻型支挡构造物的重要性，可适当提高安全系数。

16.2.3　轻型支挡（桩基高承台挡墙）设计

（1）桩基类型选用

和"桩基＋承台＋挡墙"一样，须确定桩基类型。影响桩基类型选用的因素：

① 当采用大截面抗滑桩因人工开挖后的护壁出现缩孔造成施工不安全时，不宜采用人工开挖的桩基。

② 当地下水补给充足，机械抽水无法实施时，不宜采用人工开挖桩基。

③ 当为应急抢险、工期受控时，不宜采用人工开挖桩基。

④ 上述三种工况，宜考虑采用钢管桩基或机械成孔的旋挖桩基。

⑤ 钢管桩基的排数和直径选用，应通过比选确定；而旋挖桩基常选用直径为 1.2～1.5 m 的单排桩。

（2）锚索（杆）的使用

① 当岩土界面横坡较陡、土层较厚、基岩的强度较低时，会造成桩基高承台挡墙的自由端过长，宜使用锚索（杆）桩基高承台挡墙，以缩短桩基长度。

② 当墙后的横推力较大，块碎石堆积层较松散，锚索（杆）造孔时出现坍孔而须采用跟管钻进时，宜选用设计荷载较大的锚索桩基高承台挡墙，以减少造孔钻进总长。

（3）高承台挡墙的几何图形

① 设台阶的矩形高承台挡墙：

A. 当充分利用既有变形挡墙时，高承台挡墙的台阶设于外侧，台阶宽取 1.0 m，高承台挡墙的面坡和背坡均为 1∶0，为配筋构造物。

B. 当为新建轻型支挡，高承台挡墙的台阶设于内侧，台阶宽取 1.0 m，高承台挡墙的面坡和背坡均为 1∶0，为配筋构造物。

② 设梯形的高承台挡墙：

A. 当充分利用既有变形挡墙时，其背坡为 1∶0，面坡为 1∶m，墙顶高程可低于既有利用的墙顶高程，设于其衡重台标高附近处，为配筋构造物。

B. 当为新建轻型支挡，高承台挡墙背坡为 1∶m，面坡 1∶0，为配筋构造物。

③ 高承台挡墙须设泄水孔。

④ 尽量使桩基和高承台挡墙的重心于同一垂线上。

（4）轻型支挡（桩基高承台挡墙）整体结构的要求

① 充分利用既有挡墙的轻型支挡：新、老挡墙之间的空隙用 C20 砼填塞，使新老圬工连为一体；桩基的主筋伸入高承台挡墙 2 m，使桩基与高承台挡墙连为一体；高承台挡墙的斜锚索（杆）与既有利用挡墙连为一体。

② 当为新建轻型支挡：要求桩基的主筋伸入高承台挡墙 2 m，使桩基与高承台挡墙连为一体；墙后回填须选用砂砾石等透水性材料并人工夯填。

（5）轻型支挡的墙前处理

由于轻型支挡多设于不稳定斜坡上，故对墙前不稳定斜坡堆积体的加固应纳入轻型支挡设计，为一期工程。须对墙前土层的稳定性做分析评价，结合稳定性计算，若墙前土层有失稳可能时，应做适当加固：其加固范围为高承台挡墙的墙基以下至岩土界面高程附近的坡面上。

（6）轻型支挡的施工顺序

先施工桩基高承台挡墙，后施工锚索（杆）。

17 路基工程在勘察和设计中应注意的问题

（2014 年 11 月 4 日）

在高速公路建设的前期工作中，按现行规定要编制勘察设计大纲，作为前期工作的指导性文件。根据多年来路基病害工点的处治、路基工程实施后回访总结的经验和体会，在施工图阶段提出如下参考建议。

17.1 路基设计的基础资料

17.1.1 地勘资料

按现行规范的要求，路基工程设计必须有准确的工程地质勘察资料作为设计的依据，才能保证路基设计的质量。

17.1.2 存在问题

由于受勘察设计合同的制约，经常存在路基工程设计时地勘资料不足，如"先设计后地勘"、"地勘与设计同步"、路基横断面图的测量资料与现场不符、地勘资料的深度不够等，均会影响路基设计的质量。

17.1.3 解决办法

（1）已收集的工程地质勘察资料，必须全部纳入施工图设计文件。当"地勘与设计工作同步进行"时，在设计流程中，要增加设计复查的工作程序以优化设计。

（2）在路基外业资料验收中，对困难地段，如堑顶有重要构造物（铁塔、民房、既有道路）、路肩设高挡墙、路线穿越既有管道（排水管道、天然管道、重要通信线路）等地段，应作为重要地段进行复测和抽检。

（3）在施工过程中，设计代表要强化管理，及时发现问题提出补救措施。

17.2 对顺河桥地段靠山侧自然边坡稳定性及桥下可能产生侧向位移的评价

17.2.1 存在问题

（1）在勘察设计大纲中，未纳入顺河桥地段靠山侧自然边坡的工程地质勘察工作，出现在顺河桥实施后存在不稳定高边坡，造成"先桥、后边坡加固"的局面，出现施工干扰，增加高边坡实施的难度。

（2）因桥下施工便道的设置，造成靠山侧便道路堑边坡过高，出现新的工程病害。

（3）于桥跨的上游冲沟或桥下设弃土场，因弃土场设计不周，出现弃土场位移或滑坡，致使已实施的桥墩桩柱出现裂缝或外倾。

（4）顺河桥的靠山侧及桥下存在危岩体的变形与潜在滑移，造成已实施的桥梁墩台、桥墩桩柱有侧向推力，严重威胁桥梁墩台的稳定与安全。

（5）高速公路互通匝道桥下有软基存在，在平面布设上与另一匝道的高填厚层软基，形成路桥在平面联为一体的工况。由于先施工匝道桥的桩柱，而另一匝道的高填软基系采用排水固结法，存在沉降和侧向位移问题，对已实施的桥墩桩柱产生侧向位移而造成的变更设计。

（6）对于桥跨靠山侧的土质边坡，因桥墩桩柱施工破坏了其既有稳定性，在暴雨的作用下，引发新的高位土质边坡牵引式滑坡，致使已实施的梁体外移，桥墩桩柱及系梁出现裂缝，被列为应急抢险工程而采用多排（微型）钢管桩抗滑支挡等加固措施对桩柱做加固并使梁体复位。

17.2.2 解决办法

以上提出的各种类型问题，均是在高速公路建设过程中曾经遇到的桥位处地质病害，并已经过处治。初步提出以下桥梁设计中应注意的问题，以确保所实施的桥梁墩、台处于稳定状态。

（1）桥位的外业勘察，除按规定搜集外业各项资料外，还应搜集桥位左右侧地形、地貌、工程地质各项基础资料，并根据实际情况采取应对措施。

（2）桥位处复杂地段的施工便道，要做个别设计，编制平、纵、横设计图。对施工便道挖方地段过高的路堑边坡，要有防护措施，确保其在施工期间和公路通车期间的稳定，避免出现新的工程地质问题。

（3）桥位上方冲沟及桥下，尽量避免设置弃土场。经技术、经济比选后，确定在桥位上方冲沟或桥下设弃土场时，要有对应措施：

① 桥位上方冲沟设弃土场，要做好改沟、沟口处抗滑支挡工程。

② 桥下设弃土场，要确保弃土场的整体稳定及弃土场与桥墩桩柱的施工顺序和协调配合。

（4）对顺河桥山侧的自然边坡（包括危岩落石地段），要进行工程地质勘察，加强调绘，按路基工点设计要求编制工程地质报告。其中，应包括地质说明、工程地质平面图、代表性工程地质剖面图，并对自然高边坡的稳定性作评价。当为欠稳定、不稳定边坡时，按特殊路基设计要求编制处治设计方案，并应有指导性施工组织设计，明确施工顺序和注意事项。

（5）当桥位处于软基地段或在互通设匝道处桥路近临地段时，应按软基处治设计并考虑软基沉降变形协调关系研究处治设计方案，按特殊路基要求编制施工图设计文件。

17.3 桥路衔接处大锥体护坡的设计

17.3.1 存在问题

桥路衔接处已成大锥体护坡的变形、垮塌、滑移，已成为常见病害，多有发生，其处治难度极大，多按抢险应急工程处理。究其原因：

（1）外业地面线测量失实，与现场实际情况不符，缺代表性的斜坡断面图。

（2）地面横坡过陡，无斜坡稳定检算和相应措施（如坡脚设挡、横向设置大台阶）。

（3）缺工程地质勘察资料，如锥体护坡下方有水田或软基时多出现失稳。

（4）当桥头斜坡路堤无支挡措施，因桥头斜坡路堤失稳使锥体变形。

（5）桥路结合部位于古滑坡地段，因桥台、桥头路基的静荷载加重，引发新的次生滑坡。

17.3.2　应急抢险处治措施

桥路衔接处桥台大锥体护坡体的变形、滑移，多发生于桥台及桥头路堤建成以后。在变形体范围内，有时包括左右幅桥台的稳定性、路中墙的稳定性、左幅路堤的稳定性，以及大锥体护坡的稳定性，其处治难度较大。针对现场实际情况和变形原因、所在工程地质环境，可采用钢管桩基承台挡墙、框架梁锚杆（索）、翻挖重填铺设加筋材料、竖向钻孔注浆、锥体坡脚设矮挡墙等组合措施，分别对待。其特点是施工进度快，能保证桥台锥体和桥头斜坡路堤永久稳定。

17.3.3　在施工前施工图阶段的处治措施

（1）对桥路衔接处的地段，桥、路专业要密切配合。

（2）其处治设计要有足够的工程地质勘察资料，必要时应有钻孔资料。

（3）尽量避免设置大锥体护坡，桥头斜坡路堤地段选用路肩挡墙为宜。

（4）大锥体护坡应按斜坡路堤要求作工点设计，要有斜坡路堤稳定检算资料作为处治设计依据。分别对桥台、路中墙、斜坡路堤、大锥体等四种不同工况，采用相应的对策措施。

17.4　土质路堑边坡的勘察与设计

17.4.1　土质路堑边坡的变形情况

土质路堑边坡病害出现的频率不断增加，尤以高位土质边坡滑坡为甚，多发生在路堑边坡开挖实施的过程中。分路堑边坡上部 3～4 m 土层地段和路堑高边坡中、上部的土层中（土质厚度一般 15～20 m），其变形情况多发生于暴雨期间，多表现为坍滑、溜坍、堑顶出现弧形裂缝、浅层滑坡，甚至高位土质滑坡。

17.4.2　变形原因分析

（1）工程地质勘察资料不足，未能查清路堑边坡上土层厚度。

（2）设计时对地区的恶劣天气考虑不周，对连续降雨带来的不良影响估计不足。

（3）处治措施偏弱，仅有边坡绿色防护，无边坡加固措施。

17.4.3　处治措施

（1）要有足够的工程地质勘查资料，作为处治设计依据。

（2）对路堑边坡上部较薄的土层，可采用留平台、放坡、绿化防护或留平台、设矮挡墙（或框架锚杆）做加固处理。

（3）对路堑边坡中上部土层较厚地段（并已产生滑坡或存在潜在滑坡）：

① 对滑体或潜在滑体做全部减载清除。

② 对滑体或潜在滑体做局部减载、部分土质滑体做加固处理。

③ 对滑体或潜在滑体，不清方，全部做加固处理。

④ 上述三种不同处治设计方案，经比选后确定，并均有地表水和地下水处治。

17.5　软弱地基处治

17.5.1　在软基处治过程中的变形情况

（1）盖板涵内的竖向伸缩缝出现开裂，盖板涵的底面有斜向裂缝及错台。

（2）斜坡软基地段出现沉降和侧向位移，且以斜坡软基失稳为主的变形。

（3）高填厚层软基，当采用排水固结法加固措施时，常有在路堤填筑体完成以后出现：路面纵向开裂下沉、边坡外鼓或坡脚排水沟受挤甚至上抬。

17.5.2 对应措施

（1）在施工图阶段，务必做好软基的工程地质勘察，包括软基的成因、范围、厚度、是否存在不等厚的斜坡软基，以及软基的特性等。当"先设计后地勘"，或地勘资料不能满足设计要求时，应在开工前补充地勘，优化设计。

（2）涵洞软基处治：软基厚度≤3 m时，应采用全部换填夯实；当软基厚度＞3 m时，应做复合地基加固，如采用掺水泥的碎石桩或高压水泥旋喷桩。

（3）斜坡软基的不均匀沉降和失稳时有发生，设计时要查清软基情况，并做好三方面的控制；沉降、侧向位移、预压期满足设计要求。当斜坡软基稳定受控制时，应有侧向约束的稳定措施：如采用复合地基加固类型、坡脚设挡、坡脚设抗滑桩。

（4）对高填厚层软基：当采用排水固结法加固类型时（如，塑料排水板），高填厚层软基设计要做到：厚层软基沉降受控、高填方填筑体压实度受控、高填厚层软基稳定受控、设计要求的有效排水固结时间和预压期受控。应避免允许沉降量达不到设计要求时实施路面工程。

18 路堑边坡的防护与加固

（2011 年 12 月 20 日）

18.1 路堑边坡防护与加固的几种工况

18.1.1 工况一：岩质边坡的顺层滑坡

这是一种常见的地质病害，主要是因层间有软夹层存在，且有外倾的顺层面，常因边坡开挖卸荷而引起顺层滑坡，其顺层夹角在 10°以上。已得到勘察设计人员的重视，多采用顺层清方、设框架梁锚杆、锚索之类的加固措施。

18.1.2 工况二：岩层边坡的上方为块石土

这是一种不利的地层组合。即路堑边坡的下部为稳定的基岩，但路堑边坡上方为不稳定的堆积体，且多为陡岩下的崩坡积堆积体。在施工图设计阶段常因地勘资料不足和设计措施偏弱而产生地质灾害，多以边坡滑坍、塌滑、滑坡的形式出现，究其原因系基覆面的横坡陡、暴雨表水下渗、边坡开挖卸荷导致。

其处治措施，应根据补充的工程地质勘测资料，详加分析后确定。如有条件可考虑全部清除滑体，则是上策；或"部方清方＋抗滑支挡的处治措施"。如采用半坡抗滑桩，要十分慎重，充分考虑锚固段的嵌固效果。

18.1.3 工况三：上硬下软的岩质路堑边坡

对于红层地区的砂泥岩互层，施工图阶段的地质工作多以调绘为主，很难布设有钻孔资料。一般是在边坡开挖后做第二次工程地质调查，在工程地质正面展示图和地质说明的基础上以达到定量求解，并采取防护与加固措施。

如广巴高速公路 K58＋040～K58＋956 段右侧路堑高边坡，其中 K58＋185～K58＋680 段长度 495 m 范围最大边坡高度达 80～90 m。边坡中、下部由粉砂质泥岩夹薄层粉砂岩组成，先后采取了桩板墙、挂网喷射小石子砼、中等长度的垫墩压力注浆锚杆加固措施。但对边坡中、上部的厚层细砂层（自然坡比为 1∶0.2～1∶0.3）缺乏认识，误判为自稳性较好，未做加固处理，运营通车后，出现大面积的崩塌掉块（块石直径可达 1～2 m），严重威胁行车安全。经查明存在多组竖向贯通性裂缝，最终以"垫墩压力注浆长锚杆（锚杆长 14～26 m，为 JL32 精轧螺纹钢筋）＋柔性主动网防护＋多组仰斜排水孔"做加固和排水处理，全段长 916 m，地段内耗资 1 850 万元，现正组织实施中。

18.1.4　工况四：高度小于 30 m 的路堑高边坡

（1）高度小于 30 m 的路堑高边坡为纵剖面设计中最常见的情况。在四川省内的红层软质岩路堑边坡中，覆盖面较大，是影响工程造价的代表性地段。

（2）精心设计的依据：在施工图设计阶段已有地勘资料的基础上，应在施工开挖后补充工程地质调查，增加"工程地质剖面展示图"，作为优化设计的依据。

（3）在下述的条件下，可考虑仅做防护，不做加固处理：

① 软质岩层的产状近于水平，无顺层不良现象。

② 经补充工程地质调查，确认不存在多组节理（砂、泥岩互层）。

③ 边坡开挖施工做严格管理，无因爆破影响边坡的自稳性。

④ 无地下水出露。

⑤ 设计坡比不陡于 1∶0.75。

这时对路堑边坡的处治：仅做防护处理，可不做加固，但要设平台。

（4）防护处理的常用类型："有机基材喷播植草防护"（包括铁丝网、Φ-12 的钢筋框条、长 2～3 m 的 Φ-18 钢筋，对边坡有一定的加固作用）。

18.1.5　工况五：高度大于 30 m（40～50 m）的红层软质岩高边坡

（1）路堑高边坡出现的概率：在路线纵剖面设计中，红层软质岩地段出现 40～50 m 高度的边坡的概率不大，但如果设计、施工不当，将会产生地质不良灾害，同样应引起高度重视。

（2）设计的基础资料：

光靠施工图阶段所取得的地勘资料，不足以满足精心设计的要求，须在施工过程中作第二次补充工程地质调绘，获取"工程地质正面展示图"和较详细的工程地质说明。

（3）在下列条件下，可采用防护与加固相结合的处治措施：

① 软质岩层的产状基本上是水平的，无顺层问题。

② 经现场调查研究后，确认不存在多组节理。

③ 施工开挖时按设计要求办理，无野蛮施工，坡面完整度较好。

④ 无地下水出露。

⑤ 边坡设计坡比不陡于 1：0.75，边坡自稳性较好，并留有平台。

（4）高度为 40～50 m 的路堑高边坡处治措施：

可采用"强腰固脚"的设计理念，即在边坡的中部或下部做加固处理：通常采用"框架梁锚杆内植草防护（锚杆长 5～7 m、Φ25 的普通注浆锚杆），其他级边坡则采用"有机基材喷播植草防护"。（注：路基绿化工程为全段统一招标，其施工技术、施工工艺已大有改进，施工进度快，绿化效果好。）

其基本要点是把 40～50 m 的路堑高边坡，人工改造为两个独立的边坡，使边坡高度控制在 20 m 左右。

18.1.6　工况六：边坡高度≤30 m，但须做加固处理的边坡

（1）这类工点的覆盖面很宽，数量很多，是精心设计的主要对象。精心设计的主要依据，是做两次工程地质调查，可配合业主开展此项工作。一定要建立"工程地质调查汇总表"，充分说明岩性、层理、节理切割发育程度，以及施工工艺、坡面自稳性等。

（2）下列条件下必须进行加固：

① 红层软质岩地段的砂泥岩互层、呈水平产状，但节理发育，最主要是存在竖向、陡倾、贯通节理，其对边坡稳定性起控制作用。

② 野蛮施工，因放炮不加控制，使本来自稳的边坡变为不稳定边坡。

（3）常用加固措施：

① "挂主动防护网＋垫墩压力注浆锚杆"。

② "挂网喷射小石子砼（厚 12 cm）＋垫墩压力注浆锚杆"。

③ "框架梁压力注浆锚杆内植草防护"。对路容最为有利，但施工相对困难些，造价略高一些。

18.1.7　工况七：存在软夹层的不稳定路堑边坡

在红层地区的砂、泥岩互层地段中，有时会存在极薄的泥膜，其厚度只有几毫米、不到 1 cm，潮湿，其颜色与周边地层不同，多为灰色。由于边坡开挖卸荷，竖向陡倾节理存在，泥膜 C、ϕ 值很低，造成个别路堑边坡大面积滑移，方量可高达 20 万～30 万立方米。在 2011 年的施工咨询中，已遇到 3 处，虽是个例，要引起注意，早做加固或清方。

18.2　各种路基边坡防护与加固措施的适用条件

18.2.1　"直接喷播植草绿化"

可用于高度不大于 8 m 的土质路堑边坡，设计坡比为 1∶1.25～1∶1.5；亦可用于高度小于 4.0 m 的路堤边坡，设计坡比 1∶1.5。经常采用，造价低。

18.2.2　"挂三维网喷播植草绿化"

用于设计坡比 1∶1、高度不大于 8 m 的土质路堑边坡。其施工顺序为：整平坡面→风钻成孔（Φ-40 mm）后置钢筋注浆（Φ-18，长 3 m）→覆改良客土 3～5 cm→铺三维网→网上覆土→喷播草籽→养护。为常用的生态防护类型。

18.2.3　"路堑边坡的有机基材喷播植草防护"（常用）

用于路堑边坡稳定的软质岩，每级边坡高 8～10 m，设计坡比不陡于
1：0.75。其施工顺序为：先施工 Φ-18 的锚筋（长 2.0 m）→挂 Φ-8 的镀
锌铁丝网→用 Φ-2.2 的铁丝使网与框条扎牢、框条与锚筋焊接→喷播 6 cm
有机基材→喷播 2 cm 含草籽及灌木种子的有机基材→养护。

18.2.4　"路堑边坡锚杆结合砼预制格填土绿化"

用于设计坡比不陡于 1：0.75、每级坡高小于 10 m，稳定的软质岩边
坡。由于施工工艺相对较复杂，仅在成南高速公路使用过，近期新建的
高速公路较少使用。

18.2.5　"路堑边坡的浆砌菱形骨架、植草、植灌木绿化防护"

用于土质边坡、全风化岩层路堑边坡，设计坡比 1：1，边坡级高 8～
10 m。

18.2.6　"路堤边坡菱形网格内植草防护"

可用于路堤边坡大于 8 m 的填方地段，已广为使用，对路容及边坡
稳定效果较好。当路堤边坡高≤4 m 时，可用喷播植草防护；当边坡高为
4～8 m 时，可采用三维网植草防护。

18.2.7　"路堑、路堤拱形骨架内植草防护"

已广为使用，该措施具有稳定边坡和排除地表水的功能。

18.2.8　"C20 预制正六边形空心块砼桥头锥体护坡"

已广为使用，多用于桥头锥体护坡。但要注意基层稳定问题，如为
软基地段应另做处治。

18.2.9　"路堑边坡压力注浆锚杆框架梁内植草防护"

广为使用，具有边坡防护与加固功能，但须根据路堑边坡稳定情况，
确定锚杆长度。

18.2.10 "锚索框架梁内植草防护"

广为使用，多用于路堑高边坡稳定性较差地段，在路堤、路堑滑坡处治设计中亦常被使用，但须确定设计外力。

18.2.11 "柔性主动防护网"

在路堑边坡中常被使用，但对稳定性较差的路堑边坡，须增加垫墩锚杆（索）进行加固。

18.2.12 "被动防护网"

用于防危岩落石地段，须有横坡较缓的落石槽。

18.2.13 抗滑支挡加固类型

"衡重式挡墙""重力式挡墙""抗滑桩""桩板墙""锚索抗滑桩""钢管桩"等支挡类型，均用于横向推力较大地段。

19　土质路堑边坡处治设计初探

（2012 年 9 月 4 日）

19.1　达万高速公路 D13 合同段 K91 + 150 ~ K91 + 280（长 130 m）左侧路堑边坡处治

19.1.1　地质情况

原施工图设计为地质调绘，无钻孔资料，后经施工单位做坑探：上覆 6 m 粉质黏土，下为裂隙发育、强风化的泥质粉砂岩。

19.1.2　原施工图设计情况

两级边坡的设计坡比均为 1∶0.75，均为"锚杆砼预制格植草防护"（注：该措施太弱）。

19.1.3　施工开挖后变形情况及变更设计

在暴雨作用下，边坡多次滑坍，经历了三次变更设计。

（1）第一次变更设计，采用"上部土层设锚索挡墙 + 下部岩层作框架梁锚索"。

（2）第二次变更设计，采用"5 m 高路堑挡墙 + 墙顶设框架梁锚杆"。

上述两次变更设计，都因开挖坡比较陡，本身不能自稳而继续滑塌，无法施作加固工程而失败。

（3）最终处治措施：清除滑塌体，清方后的坡比为 1∶1.6 ~ 1∶1.8（这时路堑边坡基本上处于临时稳定状态，有条件进行加固工程的施工）+ 5.5 ~ 6 m 高的路堑挡墙 + 墙顶全坡面做框架梁锚杆加固（Φ-28 mm 螺纹钢筋，纵横间距 3 m × 4 m，锚杆长 9、12 m）。

19.1.4 认识与体会

（1）对土质路堑边坡，要通过钻探查明土石分界线和土层特性；或在边坡开挖中作动态的工程地质调绘。

（2）土质路堑边坡的设计坡比，不能用 1∶0.75，一般有三种坡比 1∶1、1∶1.25、1∶1.5。

（3）在土层松散、有地下水、暴雨工况情况下，它的临时自稳坡比为 1∶1.5～1∶1.75。

（4）在边坡达不到临时自稳的情况下，任何支挡工程是无法实施的。

（5）在清除滑塌体，边坡处于临时自稳的情况下，采用"路堑边坡下部设挡＋墙顶设框架梁压力注浆锚杆的加固措施"是可行的。

19.2 达万高速公路 D13 合同段 K97＋510～K97＋645 左侧路堑边坡处治

19.2.1 原施工图设计情况

本段左侧路堑边坡，均为潮湿、松散、含碎石角砾的粉质黏土，堑顶有水田。原施工图设计：设计坡比 1∶0.75、1∶1 两种，均为"锚杆砼预制格植草防护"。

19.2.2 第一次变更设计

边坡开挖后，因暴雨致使边坡发生滑塌，而改为 1∶1、1∶1.25 的设计坡比，并留平台宽 4 m，采取：一级边坡设 3 m 高挡墙＋墙顶设拱形护坡；二级边坡设三维网喷播植草防护。都因暴雨引起边坡滑坡不能临时自稳，各项防护措施都不能实施而失败。

19.2.3 最终处治措施

（1）首先是要使边坡能达到"临时自稳"，做了清方刷坡处理，设计坡比 1∶1.5～1∶1.8。

（2）一级边坡（开挖坡比 1∶1.5）：3 m 高路堑挡墙＋3 m×3 m 菱形骨架护坡。

（3）二级～三级边坡（开挖坡比 1∶1.8）：4 m×3 m 框架梁压力注浆锚杆加固，锚杆长 12 m，Φ-28 螺纹钢筋；并设 2 排仰斜排水孔。

19.2.4　认识与体会

（1）松散、潮湿的粉质黏土层，采用 1∶0.75、1∶1 的设计坡比是不能自稳的。

（2）支挡、防护工程，必须在边坡处于临时稳定的情况下才能实施。

（3）在土质边坡设压力注浆锚杆是有加固影响效果的，但锚杆长度要适当加长，穿过推测的"应力释放区"。

（4）要强调自上而下逐级边坡作加固的施工顺序，才能保证施工安全。

19.3　达万高速公路 D13 合同段 K98＋470～K98＋560 左侧路堑边坡处治

19.3.1　原施工图设计情况

本段左侧路堑边坡，为含碎石、角砾的粉质黏土。原施工图设计坡比为 1∶0.75、1∶1，采用"锚杆结合砼预制格植草防护"。

19.3.2　对左侧路堑边坡做预加固

因路堑边坡上方有高压电杆和电缆（距堑顶 2.0 m 处），没有条件放坡，拆迁困难，故在没有发生变形之前强化加固措施：

（1）一级边坡设 3 m×4 m 框架梁压力注浆锚杆：Φ-28、长 12 m。

（2）二～三级边坡设 3 m×4 m 框架梁锚索，每根锚索由 4 束钢绞线组成，长 30、35 m，穿过潜在滑动面。

19.3.3　认识与体会

（1）堑顶有重要构造物（高压电杆、电缆），无拆迁、放坡条件，应采用"超前预加固措施"。

（2）路堑边坡是在没有发生变形之前做预加固，仅做一次变更设计，一次成功。

（3）施工时采用自上而下、逐级开挖逐级加固，做到强化施工管理。

（4）通车工期紧，在缺乏钻孔资料的情况下，可通过锚索造孔探明土石分界线作为设计依据。

19.4 达万高速公路 D13 合同段 K101＋575～K101＋715 左侧路堑边坡处治

19.4.1 地质情况

为含碎石、角砾的粉质黏土，松散、潮湿。

19.4.2 地形地貌

横坡较缓，距堑顶 8 m 处有民房，边坡高 16～17 m。

19.4.3 原施工图设计

一级边坡 1∶0.75，二级边坡 1∶1，均采用"锚杆结合砼预制格植草"。

19.4.4 为预加固做变更设计

因达万高速公路 2011 年 12 月要通车，在没有发生变形前即做预加固变更设计，一次整治："全坡面做框架梁锚杆加固"，并对其中一段的锚杆做了加密设计，锚杆长 7、9、12 m 三种，均为Φ-28 mm。

19.4.5 认识与体会

（1）因有民房、水田，无放坡条件，做预加固处理是必要的。

（2）一次成功地做好预加固，即在边坡未出现变形、坍塌病害现象之前做预加固。

（3）按可能潜在滑动面，估算最大下滑力值作为设计依据。

19.5 巴中至达州高速公路 BD05 合同段 ZK34＋853～ZK35＋050 段左侧滑坡处治

19.5.1 基本概况

巴中—达州高速公路 BD05 合同段 ZK34＋853～ZK35＋050 段左侧

滑坡，地面横坡较缓，上覆粉质黏土，下为粉砂岩，受 2011 年 9 月 18 日特大暴雨影响，形成高位滑坡，共有十多条裂缝，前缘有地下水渗出，导致堑顶民房、电杆、耕地受损。

19.5.2　处治措施

（1）二级边坡设 2~3 排钢管桩（Φ-140 mm），受力 30~50 t/m。

（2）桩顶减载清方，以减少下滑力。

（3）钢管桩前放坡设挡土墙，使桩前土体稳定。

（4）一级边坡（1∶0.75）的粉砂岩，设框架梁锚杆加固。

（5）强化地表排水系统。

19.6　土质路堑边坡处治设计方案初探

19.6.1　设计的基础资料

（1）对于土质路堑边坡，在施工图阶段应有工程地质勘察资料作为设计的依据，包括工程地质调绘及必要的钻孔资料或坑探，以及地下水情况。

（2）对地表的构造物要做调查，如民房、高压铁塔、电杆、公路、水田等地物，须在设计说明中做描述，并在有代表性工程地质横断面上做显示。此种工况，边坡稳定安全度要提高一级。

（3）如无钻孔或坑探资料，设计代表在工地要加强动态管理，及时掌握开挖后地层情况，查清土质地层的特性、含水量，以便做好动态优化设计，防止病害的发生。

19.6.2　病害发生前的设计思路

（1）路堑边坡由土层和基岩组成

① 基岩边坡要保证永久稳定。对软质岩层或节理密集地段，施工图设计时应做加固处理，常用有框架梁锚杆加固措施，或设护面墙。

② 基岩顶面以上土质路堑边坡处治：

A. 如路堑边坡顶上有重要构造物，其边坡稳定的安全度要提高一级。

B. 对土层厚度为 1～2 m 时，可按常规做缓坡处理。

C. 当土层厚度为 2～4 m，且堑顶有重要构造物时，其首选的措施为设路堑挡墙：墙高控制≤4 m，按主动土压力确定挡墙的结构尺寸，墙前要有安全襟边≥1.5 m。当堑顶无重要构造物，地面横坡较平缓，此时可采用刷坡，其设计坡比 1：1～1：1.25。堑顶设有截水沟，防坡面受暴雨冲刷。

D. 当土层厚度为 4～8 m，且堑顶有重要构造物时，可考虑框架梁锚杆加固措施，锚杆纵横间距可采取 4 m×3 m，锚杆直径宜用 Φ-25 或 Φ-32，锚杆长度要考虑穿过主动土压力破裂面 2～3 m。对地下水丰富地段（有水田），要适当配合仰斜排水孔措施。如堑顶无重要构造物，地面横坡较平缓，则可考虑放 1：1.25，用"人字形骨架植草护坡"或"挂铁丝网植草防护"的防护类型。

E. 当土质路堑边坡厚度 ＞8 m 时，按每级边坡高为 8 m，分级并留平台和排水沟办理。

③ 对高位土质路堑边坡处治，尽量避免在路堑边坡的上部设抗滑桩，主要考虑抗滑桩的锚固段嵌固效果受影响。

④ 支挡构造物设计外力的确定，在病害发生前一般采用主动土压力。

（2）路堑边坡均由土层组成

① 当堑顶有重要构造物时，其路堑边坡的稳定性要提高一级。

② 要有工程地质勘察资料作为设计的依据。

③ 设计时要对以下要素做充分研究，即，地面横坡陡缓、路堑边坡的高度、土层的成因特性、基岩的埋藏深度等，之后再确定处治措施。

④ 其处治措施一般为：放缓边坡、坡面生态绿色防护、骨架植草护坡、框架梁锚杆（索）、路堑挡土墙、抗滑桩等的合理组合。

19.6.3　病害发生后的设计思路

（1）对土质路堑边坡病害发生的处治，均要有补充工程地质勘察资料作为处治设计的依据。

（2）对工程地质勘察报告成果资料要充分研究，设计者一定要在现场调查研究，落实已成滑动面和可能的潜在滑动面，并以最不利的滑动面作为设计的依据。

（3）抗滑支挡结构设计外力的确定：设计参数值对室内试验与反算结果对比分析后确定，按最不利工况（暴雨工况下，滑体取饱和重度）不考虑桩前抗力或考虑部分抗力等要素计算下滑力，并列表汇总和说明。

（4）处治措施：

① 当堑顶有重要构造物，其安全度要提高一级。

② 分应急措施和永久措施，应急措施尽可能作为永久措施一部分。

③ 在有条件的地段，尽可能采用清方减载措施，以减少下滑力。

④ 土质路堑边坡的中部，尽量少用钢管桩、抗滑桩。必须用时，要多注意锚固段的有效性，使锚固段有足够的嵌固力，或用锚索钢管桩、锚索抗滑桩的支挡类型。

⑤ 根据工程实践的经验，钢管桩能承受的外力：两排钢管桩为300 kN/m，三排钢管桩为500 kN/m，钢管的外径≥140 mm。

⑥ 土锚杆、土锚索在困难地段有时会出现，但工程效果较差，能提供的抗拔力受限制，其辅助的措施为：造孔时用大孔径（增加孔壁周长）、低荷载（对锚索而言每根锚索由4束组成）、长短锚索间隔布设（减少群锚不利因素）。

⑦ 在应急措施中：强化地表临时、永久排水系统；为防止滑坡继续恶化及抗滑支挡工程能安全实施，于滑坡体下方设临时反压，已成为常用措施。

⑧ 在土质边坡滑坡体设半坡抗滑桩或钢管桩，严防桩前先作刷坡，此施工顺序的要求其目的是保证抗滑桩的施工安全。

⑨ 土质路堑边坡滑坡的处治措施一般为：清方减载及放坡、框架梁锚杆（索）、钢管桩或抗滑桩、锚索钢管桩或锚索抗滑桩、抗滑挡墙、骨架植草防护或挂铁丝网植草防护、地表排水或仰斜排水孔设置等措施的合理组合。

20 桥头大锥体护坡设计的注意事项

（2015 年 7 月 10 日）

桥头大锥体护坡的失稳，已成为工程中的一种常见病害。究其原因多为地勘资料不足、设计不当、施工顺序安排不当等，值得回顾和思考。现以"遂宁至西充高速公路双江互通式立体交叉主线大桥及 H 匝道大桥桥头大锥体护坡病害处治"为例，对本节内容进行讨论。

20.1 基本概况

20.1.1 原施工图设计情况

双江枢纽互通的主线大桥和 H 匝道大桥，位于彭家湾和鲜家沟两沟交汇处，地面横坡和桥位纵向坡度较陡，地面以下有不等厚的软基，软基厚度 3~9 m。原施工图设计采用：

（1）桥头路基地段软基处治

高填路堤右侧的最大边坡高 30 m，下为 3~9 m 厚的软基，填方边坡设计坡比 1：1.5、1：1.75、1：1.5，共三级边坡，第三级边坡顶设宽 8 m 平台（为解决高填厚层软基而设的反压护道）。软基处治措施为：不掺灰的碎石桩，属排水固结法，碎石桩的直径 D-50 cm，其中心间距 1.7 m，桩顶设砂砾石排水垫层，厚 50 cm。处治面积 5 898 m²，其处治范围含桥头高填路基软基地段的全部，和桥头大锥体软基地段的一部分（即锥体护坡的软基地段部分未作处理）。

（2）桥头大锥体护坡设计情况

① 主线大桥左线 0#台锥体：三级，最大边坡高 24 m，横坡陡，地表有覆土，坡脚置于未处治的软基上。

② 主线大桥右线 0#台锥体：四级，最大边坡高 26 m，横坡陡，地表有覆土，坡脚置于未处治的软基上。

③ H 匝道大桥 0#台锥体：四级，最大边坡高 27 m，地面横坡平缓，地表有覆土，坡脚处于未处治的软基上。

④ 主线大桥及 H 匝道大桥的 0#台形成的桥头大锥体护坡：最大边坡高 24～30 m，三～四级，各级设有不等宽平台，桥头纵横坡度较陡，软基地段未全部处理，坡脚软基均未处理。

（3）对原施工图设计的评价（设计考虑不周，桥台大锥体软基未全部处理，致大锥体变形）

① 处治设计的基础资料：软基地勘资料仅满足桥头路基地段处治设计的要求，未能满足主线及 H 匝道桥头大锥体护坡处治设计的要求。

② 碎石桩加固软基的处治范围：主要针对桥头路基软基地段，而桥头大锥体护坡的软基地段未做全范围处理，属设计漏项。

③ 桥头大锥体护坡，其纵、横坡度陡，有不等厚的软基，最大边坡高达 24～30 m，未做稳定性检算和个别设计。

④ 先墩台桩柱施工，基本上与填筑体施工同步，桩柱出现水平推力。

20.1.2 变形情况

（1）施工组织安排

2013 年 10 月完成碎石桩施工（桥头大锥体护坡软基仅部分施工碎石桩）。

2014 年 5 月完成桥头路基及桥头大锥体护坡填方。

2014 年 5 月 30 日完成主线大桥左、右线 0#～2#墩台桩基施工。

2014 年 6 月 20 日完成 H 匝道大桥 0#～5#墩台桩基施工。

从上述施工组织安排和工程进度反映两个问题：桥头大锥体护坡部分软基未做加固；其施工顺序为桩柱与填筑体同步施工，或先桩柱后填筑体，存在填筑体沉降后侧压力。

（2）变形情况

2014 年 11 月 17 日施工方进行盖梁支座垫石施工放线时发现：H 匝

道大桥 0# ~ 3#墩台向大桩号发生了 2 ~ 6 cm 的偏位，主线右线大桥 1# ~ 2#桥墩均向大桩号发生了 3 cm 偏位，同时桥头路基和桥头大锥体填方有 2 ~ 5 cm 侧向位移。但未见开裂和坡脚隆起等病害迹象。

（3）对变形情况的认识

① 桥头路基地段：施设采用碎石桩、反压护道排水固结法处治措施，基本上处于稳定状态，出现少量的沉降和位移是正常的。

② 桥梁墩台桩柱已发生 2 ~ 6 cm 偏位，须做处理；且桥头大锥体护坡已处于欠稳定状态，须及时处治。

20.1.3　处治设计方案

本次处治变更设计，涉及 3 个部分：主线大桥及 H 匝道大桥加跨、已成桥梁桩柱偏位处理与桥头大锥体失稳的处治。

（1）加跨措施（另专题评审）

① 主线大桥左线：增加一跨 30 m 简支 T 梁。

② 主线大桥右线：增加二孔 20 m 简支梁。

③ H 匝道大桥：增加二孔 20 m 简支梁。

（2）偏位桩柱处理（另专题评审）

做偏位监测，根据监测成果资料做稳定性检算，均为利用，无报废工程。既有桩柱外侧做钢筋砼加固，增加桩的截面。其中有一桩柱增设抗滑桩加固。

（3）桥头大锥体护坡（欠稳定）的处治措施（专题评审）

① 对欠稳定的大锥体护坡做减载处理：为应急措施，卸载 $8.24 \times 10^4 \mathrm{~m}^3$。

② 对卸载后的大锥体，于下级边坡的中部设"埋入式的圆形抗滑桩"：共 10 根，桩径 2 m，桩中心间距 5 m，桩长均为 21 m，锚固段长度大于桩长的 1/3。

③ 桩外侧防护措施：设高 3 m、宽 4 m 的反压护道，护道外侧有护脚墙，作为施工圆形抗滑桩的工作平台，亦可增加桩外侧的被动土压力。

④ 大锥体坡面设环形的拱形护坡，平台做封闭处理并设环形排水沟。

（4）评审程序：系按总图评审后，再分专业进行专题评审。

20.2 回顾和体会

20.2.1 设计指导思想

要克服对桥头大锥体护坡在勘察和设计过程中不重视的思想和"桥路两不顾"的弊端。桥、路两专业在设计过程中，要加强沟通与合作，共同确定桥路分界里程。地勘工作要包括大锥体护坡范围。

20.2.2 桥头路基临界高度的确定

（1）特殊土作填料地段：对利用特殊土（膨胀土、昔格达土、过湿土）作路堤填料，地面横坡平缓，要对特殊土做处理。根据南昆铁路东段利用膨胀土作路堤填料（其处治措施为分层加筋法——土工格栅）技术、经济比较后的经验，桥头路基的临界高度为 10 m。

（2）地面横坡平缓，地基无不良地质情况，且填料指标符合规范要求的情况下，桥头路堤填高一般控制在 12～15 m。并控制桥头大锥体护坡不在桥墩桩柱范围内，即不会对桥墩桩柱附加水平推力。

（3）地面横坡及桥址纵剖面坡度较陡，以不设桥台锥体护坡为原则，而采用桥头路基设路肩挡墙的处治措施，路肩挡墙的高度一般在 10～12 m。当覆土较厚时，挡墙承载力受控制，则可采用"桩基（或锚索桩基）＋承台＋路肩衡重式挡墙"的处治类型。

（4）在最不利情况下，桥头路基及桥台锥体护坡为中厚层以上的软基，桥头路基横坡及桥跨纵剖面纵坡较陡，则桥头路基边坡高及桥台锥体护坡高最好控制在 15 m 左右，且对软基地段做加强处理。建议软基采用非排水固结法（掺水泥的碎石桩，或高压水泥搅拌桩）、设反压护道，以保证桥头路基软基和桥头锥体护坡软基的稳定性。

（5）综上所述，对桥头路基临界高度的确定，汇总如表 20-1。

表 20-1　不同工况下桥头路基临界高度确定的参考表

序号	所处工况	说　明	路基临界高度
1	利用特殊土作路堤填料	如利用膨胀土、昔格达土、过湿土等作路堤填料，对特殊土须做处治改良（如加筋、分层填筑、外包等措施）	桥头路基及桥台锥体护坡高度≤10 m
2	地面横坡平缓、地基无不良地质情况、填料指标符合规范要求	如桥台锥体护坡伸入桥墩桩柱，最好采用护脚墙收坡，避免桩柱出现水平推力	桥头路基及桥台锥体护坡高度控制在 12～15 m
3	桥头路基横坡较陡、桥跨纵剖面坡度较陡	没有条件设桥台锥体护坡	桥头路肩挡墙高一般控制在 10～12 m，困难地段设桩基承台挡墙（路肩墙高 8～10 m）
4	桥头路基横坡较陡、桥跨纵剖面坡度较陡、桥头路基有条件设路堤墙	存在桥台锥体护坡设路堤墙的情况	桥头路基的路堤墙及桥台锥体护坡的路堤墙，均控制墙高在 6～8 m，并置于基岩上
5	最不利工况：桥头路基横坡陡、桥跨纵剖面坡度陡、桥头路基及桥台锥体护坡均为软基地段	对桥头路基厚层软基及桥台锥体护坡厚层软基，均须做特殊处理：按非排水固结法考虑，如掺水泥碎石桩、高压水泥搅拌桩，反压护道，填筑体作补强措施（冲击碾压或强夯）	桥头路基及桥台锥体护坡的高度均控制在 15 m 左右，以锥体护坡不伸入桥墩桩柱为原则

20.2.3　桥头大锥体护坡设计原则

（1）锥体护坡的地勘资料与主线一样同步到位，桥头路基地勘资料应包括锥体护坡范围。

（2）对纵横坡度较陡的桥头大锥体护坡，要实测辐射状的横断面图，并做斜坡路堤稳定性检算。对不稳定的斜坡地段，应有对策措施：坡脚抗滑挡墙、坡脚抗滑桩或坡脚系梁钢管桩。

（3）对桥台大锥体护坡处于软基地段，应做个别设计和处理，并采用非排水固结法的处治措施：

① 浅层软基：采用全部换填的处治措施。

② 中厚层软基：抛石挤淤后做碾压处理。

③ 厚层软基：掺水泥碎石桩或高压水泥搅拌桩。

④ 对上述 3 种不同厚度的软基，均须做稳定性计算，当为不稳定斜坡软基时，应有对策措施。并要求桥头大锥体护坡高度在 15 m 左右。

（4）桥头大锥体护坡，原则上不伸入桥墩桩柱，主要考虑桩柱不出现水平推力，一般采用坡脚设挡的处治措施；当锥体护坡伸入桥墩桩柱时，应考虑先填筑锥体，待锥体护坡无沉降和侧移后，再施工桩柱。

（5）桥台大锥体护坡变形后抗滑支挡类型的选用：

① 一般情况下，可选用抗滑挡墙或人工开挖的普通抗滑桩。

② 当为应急抢险工程，可考虑设于坡脚附近的"系梁钢管桩"。

③ 当为应急抢险工程，且通过稳定性计算，其滑坡推力大于 400～450 kN/m 时，则应考虑机械成孔的圆形截面抗滑桩，其直径一般为 D-1.5 m、D-1.8 m、D-2.0 m，应与滑坡推力大小匹配。

21 大桥建设中两岸岩锚工程设计有关问题

（2014 年 5 月 13 日）

盐边县鳡鱼大桥新建工程，分主桥和引道工程两部分，全桥桥跨布置为：2 × 12.5 m（引桥）+ 净跨 200 m（主桥，钢筋砼箱形拱桥）+ 2 × 12.5 m（引桥）。两岸锚碇采用岩锚索的锚固形式：每岸的锚碇区域划分为上、中、下三层，上、下层锚索直按通过锚索连接器与塔架锚索连接，中层锚索通过工字钢锚梁转换后与塔架锚索连接。本节仅就两岸岩锚工程在设计中的有关技术问题进行讨论。

21.1 岩锚工程的使用周期

大桥施工中架设的天线（由塔架和锚索组成），固定于两岸的岩锚区，为大桥施工期间所用，属于大桥建设的临时工程，使用周期一般为 2～3 年。

21.2 岩锚工程的重要性及安全系数取值

岩锚工程的抗拉力应与"通过天线承受大桥施工期间各构件的荷载"相匹配，其与大桥施工安全息息相关。因此岩锚工程的安全度和路堑高边坡锚索加固工程安全度要求截然不同，要求安全系数 $K = 3.5$。

21.3 承受天线拉力的设计荷载

（1）路堑高边坡锚索加固设计荷载：当采用 1860 级钢绞线，每根锚索由 8 束钢绞线组成时，其设计荷载为 $8 × 12.5\ t = 100\ t$，其安全系数为 1.5。

（2）岩锚工程设计抗拉力：若由 8 束钢绞线组成的锚索，其设计荷载为 $8 \times 18.6\,t/3.5 = 42.5\,t \approx 40\,t$，其安全系数为 3.5。

21.4 岩锚区纵长确定（主桥中线两侧宽度）

（1）公路天桥两侧路堑边坡加固宽度（纵长）一般取 20～25 m。

（2）岩锚区的纵长：根据建桥时架设天线的受力情况，确定岩锚区的纵长，一般情况可取 16 m。

21.5 岩锚区的纵横间距的布设

（1）高速公路路堑边坡锚索加固：合理的纵、横间距为 4 m×3 m。即纵向的间距为 4 m，横向的间距为 3 m，对克服群锚效用及框架内挂网植草防护的稳定性，都能得到合理的处治。

（2）岸坡岩锚区纵横间距的布设：

① 岸坡岩锚区的纵向间距：根据天线受力的大小和岩锚区纵长的初步拟定，锚索的纵向间距已达不到 4 m 的要求，一般取纵向间距为 1.5 m。

② 岸坡岩锚区的横向间距：根据天线受力的大小和高程，可分区布设，分下层、中层、上层，并使锚索的横向间距为 2 m。

③ 对锚索纵、横间距较小的地段，可采用间隔布设长、短锚索的做法，以消除群锚效用的不良影响。

21.6 潜在破裂面的确定

21.6.1 高速公路路堑边坡锚索加固破裂面的确定

（1）对已发生变形的路堑高边坡，系通过详细工程地质勘察及钻孔资料，确定已成滑动面或潜在破裂面，作为锚索加固工程设计依据。

（2）对没有变形的路堑高边坡：通过工程地质调绘和钻孔柱状图，查明岩性产状、节理组合及分布、是否存在陡倾贯通节理、或顺层边坡等因素，确定潜在破裂面，作为锚索设计依据。

21.6.2 岸坡岩锚潜在破裂面的确定

（1）桥位的选择。其岸坡均处于非地质不良地段，即岸坡未发生变形，但由于建桥的需要，须设塔架和天线，于岸坡设岩锚工程，以承受在建桥过程中的拉力。故对岸坡岩锚工程的锚索加固，应落实潜在破裂面，以确定锚索锚固段的位置和长度。

（2）潜在破裂面获得的手段。水电系统多采用水平导坑，实际查明岩体的性状，落实卸荷裂隙的层厚（或水平宽度），以确定锚索锚固段的位置；第二种手段是工程类比法，获得潜在破裂面。盐边县鳡鱼大桥岸坡岩锚工程，经分析研究后确定卸荷裂隙厚度为 20 m，故取锚索的长度为 28 m、36 m 两种，间隔布设。

21.7 锚索锚固段长度的确定

21.7.1 增加锚索锚固段抗拔力措施

（1）开孔直径：锚索的开孔直径一般为 130 mm、140 mm、150 mm。如锚索的设计荷载为 1 000 kN 时，宜取 150 mm 的开孔直径，以增大锚固段周边的受阻面积，提高抗拔力。

（2）在造孔工艺上选用偏心钻头：市场已有偏心钻头供用，借偏心钻头的功能，使锚固段获得扩孔，以增大锚固段周边受阻面积，提高抗拔力。

（3）注浆浓度配合比、注浆压力及一、二次注浆间隔时间：水泥砂浆配合比、初始注浆压力和二次注浆压力以及一、二次注浆间隔时间，是影响锚固段抗拔力的重要因素，可根据设计提供的各项参数，通过抗拔试验后的成果资料，优化设计。

（4）在锚固段的头部设止浆塞：有效地使水泥砂浆在锚固段的影响半径扩大，以增加锚固段的抗拔力。

（5）当锚固段存在群锚效用的不利影响时，可用长、短锚索间隔布设，采用两种不同的下倾角，尽量消除群锚效用的不利影响，确保群锚抗拔力，满足设计要求。

21.7.2　锚索锚固段长度的确定

（1）高速公路路堑边坡锚索工程锚固段长度的确定：对中等风化岩层、节理裂隙不甚发育，单根锚索的设计荷载分别为 50 t、75 t、100 t 时，其锚固段长度取 7 m、8 m、10 m 作为计量依据。

（2）大桥施工时两岸的岩锚工程：一般采用较大的设计荷载，多由 8 束或 10 束的钢绞线组成。当锚索的设计荷载为 1 000 kN 时，建议锚索的锚固段长度为 12 m。

（3）上述对锚固段长度的建议值，仅为计量编制预算的依据，必须通过抗拔试验的成果资料作校核和实施依据。

21.8　锚索下倾角的选用

根据理论分析，锚索的下倾角在 15°到 30°范围内，都认为是合理的下倾角。在实际操作时，一般取下倾角为 20°~25°。当锚索的纵、横间距得不到最佳布设，而采用较小的纵、横间距时，为消除群锚效用的不利影响，可采用两种下倾角 20°及 25°同时使用，以增大锚索之间的间距。

21.9　锚头的处理方式

21.9.1　路堑高边坡锚索工程的锚头处理方式

对路堑高边坡而言，每根锚索系由锚固段、自由段、锚头组成的。当路堑边坡发生变形时，产生往边坡外侧的推力，锚头制约边坡的变形，由锚固段的抗力承受推力。而锚头的处理方式，可根据现场的实际情况，选用垫墩、竖梁、框架梁三种不同类型。

21.9.2　岸坡岩锚工程锚头的处理方式

（1）由于岸坡岩锚工程，虽然使用周期不长，但属一级工程，故要求每根锚索都必须进行"不破坏性的张拉试验"，是使用周期内的永久工程。要靠锚头设置垫墩，来实施张拉实验。

（2）使用周期内锚索对锚头处理方式的要求：岩锚工程实施完成后，

通过连接器与天线连接，其受力方向为岸坡的外侧，即锚索的锚固段为抗拔力，自由段与锚头为拉力，故无须设置锚头，对边坡的制约作用已消失。

（3）此时岸坡的稳定靠卸荷裂隙的自稳性和坡面"挂网喷射 C20 小石子砼（设有短锚杆，长 2 ~ 3 m，φ-18 mm）"来完成。

21.10　锚索的张拉试验

（1）锚索张拉试验的目的：由于岩锚工程的重要性，必须进行非破坏性的张拉试验，确保锚固段的抗拔力达到设计要求。

（2）锚索张拉根数：对路堑高边坡锚索工程，其锚索张拉根数为设计锚索总根数的 3% ~ 5%。而建桥过程中的岩锚工程，则要求 100%的锚索都必须进行张拉试验，以确保每根锚索在使用周期内都处于安全稳定状态。

（3）张拉工艺：张拉试验前，须对每根锚索的"n"束钢绞线的自由段试张拉，使每束钢绞线自由段的松弛程度处于同等状态；分 5 次张拉，第一次张拉取锚索设计荷载的 20%，其锁定荷载为锚索设计荷载的 110%。

（4）为不破坏的张拉试验，其锚索为使用工程的一部分。

（5）在张拉过程中，当达不到设计荷载时，视为失效的缺陷工程，须移位重新设孔。

（6）对张拉试验的成果资料，列表汇总，作为竣工验收资料的附件。

21.11　锚索破坏性的拉拔试验

（1）破坏式拉拔试验目的：由于破坏性拉拔试验为失效工程，不属于永久工程的一部分，故在路堑高边坡锚索工程中，没有强求作破坏性拉拔试验；而对建桥过程中使用的岸坡岩锚工程，必须做破坏性的拉拔试验，以量化岩锚工程在使用周期内的安全度（安全系数）。

（2）平面设计：不在岩锚区内选孔位，但要求具有代表性，尽量靠近岩锚区，认为工程地质条件较差的位置。

（3）破坏拉拔试验的根数：规范没有明确规定，可取锚索设计总根数的 3%。

（4）张拉工艺：按张拉试验的要求，达到设计荷载的 110%以后，再分级作拉拔试验，每级拉力为设计荷载的 20%，直至拔出、破坏、失效，破坏前一级的荷载即为极限荷载。

（5）根据破坏性拉拔试验的成果资料进行分析研究，量化岩锚工程的安全系数：$K =$ 极限荷载/设计要求荷载。

21.12 钻孔注浆加固补强措施

21.12.1 钻孔注浆加固补强措施的目的

鉴于岩锚工程在大桥施工过程中的重要性，必须确保绝对安全，故在锚索工程实施后，可根据工程地质勘察资料的柱状图中的岩性描述和锚索注浆过程中的记录资料进一步分析研究，找出锚索锚固段影响抗拔力的薄弱环节，予以补强加固。

21.12.2 钻孔注浆加固的平面布设

由于岩锚区锚索的纵向间距取 1.5 m，其锚索注浆的影响半径，能对岩体强度达到强化作用；而锚索的横向布设分上、中、下三层，层间的间隔宽度较大，对岩体强度改良提高较弱，故在鳡鱼大桥岸坡的岩锚区，可在上、中、下三层岩锚区之间，增设钻孔注浆加固补强措施。

21.12.3 钻孔注浆加固补强措施的纵向间距和孔深

纵向间距取 4 m，一排；孔深至锚固段的底部，重点加固补强锚固段的岩体强度。

22 预应力锚索锚头联结方式的特例

（2011 年 8 月 12 日）

预应力锚索锚头的联结方式，常用设计有垫墩、竖梁、框架梁等三种。但在特殊情况下，为充分利用既有工程，可把既有挡墙替代为垫墩、把既有抗滑桩替代为竖梁来考虑，做到对已失稳的挡墙、抗滑桩（均置于已成滑动面以上，俗称坐在船上）充分利用。

22.1 利用既有挡墙替代锚索垫墩的特例

22.1.1 基本情况

（1）原施工图设计情况

巴中至达州高速公路 BD01 合同段 K2 + 840 ~ K2 + 955 段，为缓坡的斜坡路堤，地处碾盘寺大桥及土地梁特大桥之间。地表覆盖残坡积粉质黏土，厚 1.5 ~ 6.5 m；下为粉砂岩，产状近水平。原施工图设计于左侧路肩下 4 m 处设路堤衡重式挡墙，墙高 5 ~ 9 m，挡墙基础采用换填片碎石，但没到基岩，仅考虑承载力大于 300 kPa，未对特殊土（粉质黏土）做稳定控制。路堤工程已全部实施。

（2）路堤挡墙变形情况

2011 年 6 月 20 日—22 日连续暴雨后，路堤即发生滑坡，使路堤挡墙置于滑面以上，路堤挡墙位移变形（整体位移，未倾倒）：

① K2 + 846 ~ K2 + 900 滑坡影响区（潜在滑坡）：路堤墙外移 5 ~ 46 cm，下沉 5 ~ 42 cm。

② K2 + 900 ~ K2 + 955 已成滑坡区：路堤墙外移 1.02 m，下沉 1.2 m；滑动面后缘下错 2.6 m，裂缝宽 40 cm，剪出口位于距中线 50 m 农田中。

路堤墙整体位移，完好无裂缝，仅于 K2+940 处产生错缝，错位 40 cm。

（3）路堤滑坡、挡墙整体位移的原因

本段属填方斜坡软基，由于施工图设计仅考虑挡墙的承载力控制，未考虑斜坡路堤的稳定控制。此类病害发生已成为一种常见病。

（4）处治措施

① 增补 8 个钻孔，彻底查清粉质黏土层的厚度，编制"补充工程地质勘察报告"；整编位移、沉降监测资料；整编施工过程和监理日志，如实反映施工情况。

② 处治设计方案：

A. 全段（K2+840 ~ K2+955）既有变位路堤挡墙全部利用，并于既有挡墙的面坡上设两排 75 T 级（6 束）垫墩预应力锚索。

B. 于 K2+840 ~ K2+955 挡墙外 6 m 处设一排普通抗滑桩。

C. K2+900 ~ K2+955 段墙顶滑体作翻挖、分层填筑，并做强夯补强。

22.1.2 经验总结

（1）整体位移、无裂缝的路堤挡墙可充分利用（作为安全储备），把路堤墙理解为锚头采用垫墩锚索的联结方式。

（2）斜坡软基在处治措施没到位的情况下而产生的病害，近年来具有重复出现的趋势，应吸取教训。

（3）斜坡路堤的处治设计，要做到 3 个控制：最不利工况控制、斜坡路堤的稳定控制、斜坡路堤的沉降控制。

（4）斜坡软基应做工程地质详勘，要有足够的静探孔或钻孔资料作为设计依据。在软基厚度不详的情况下，采用换填基础措施，风险性太大。

（5）陡坡路堤设有锚索、框架梁锚索，其下方应为稳定体。曾有多个工点发生预应力锚索松弛或失稳的教训。本例就是因为该原因，在下方加设短抗滑桩（常说的锁口控制，该做法为国内滑坡专家的设计思路）。

22.2　利用既有已变形的抗滑桩替代锚索竖梁的特例

22.2.1　基本情况

（1）原施工图设计情况（纳黔高速公路 C2 合同段 G2K7＋285～G2K7＋410 左侧路堑边坡滑坡处治）

G2K7＋285～＋410 段，位于沙地坪隧道与羊尔岩隧道之间，路线以路堑通过，左侧路堑边坡高达 30 m，上覆低液限黏土、小块石夹土，下为粉砂质泥岩和灰岩。原施工图设计措施如下：

① 第一级边坡平台处设置 A 型埋置式抗滑桩：截面 2 m×3 m，桩间距 5 m，共 25 根，桩顶设计坡比 1：1.25～1：1.5，每级边坡高 8 m，菱形骨架植草防护。

② 路堑边坡的中上部设置 B 型抗滑桩；截面 1.8 m×2.5 m，桩间距 5 m，共 15 根。

③ 一级边坡脚设有抗滑挡墙。

另有地表排水系统设施。A、B 型抗滑桩已实施。

（2）滑坡变形情况

2010 年 6 月，A、B 型抗滑桩（共计 40 根）已基本施工完成，在路堑上方土桥大堰长期渗漏和强降雨的作用下，发现已成 40 根抗滑桩产生不同程度的位移。截至 2011 年 7 月，A 型桩（下排桩，截面 2 m×3 m）累计最大位移量 90 cm；B 型桩（上排桩，截面 1.8 m×2.5 m）累计最大位移量 116.5 cm。但均没有断桩。该段已形成一处滑坡地质病害。

（3）滑坡发生后的应急措施

① 截断上方土桥大堰漫流水源，修复、加固开裂水渠。

② 设置仰斜排水孔（但未实施）。

③ A 型抗滑桩前设临时反压体，以免滑坡继续恶化（已实施）。

④ 加强边坡位移监测。

（4）滑坡处治设计方案的确定

设计单位先后做了 3 个处治设计方案，经评审最后确定采用的处治方案如下：

① 对已位移但无断桩的已成全埋式抗滑桩，改为"二根锚索的锚索桩，可视为竖梁锚索"。

② 路堑边坡下方设"抗滑挡墙"。

③ 整体坡面设置"框架梁锚索群锚（为长短锚索，以解决群锚的不良效应）"。

④ 在施工过程中，发现有较丰富的地下水，故在滑坡的处治措施中设置两排仰斜排水孔，以疏导地下水排出。

滑坡处治措施的特点：做好下滑力的分配、充分利用已变位抗滑桩、充分体现综合处治。

22.2.2　经验与体会

（1）对已有变位但无断桩的抗滑桩充分利用，改为"竖梁锚索抗滑桩"。其实际效果比竖梁锚索仍有较多的潜力，可作为安全储备。

（2）潜在可能滑动面要确定好，一定要通过钻孔资料和地调，做充分的分析研究。该处原设计失效的原因，就是没有找准潜在滑动面所致，造成已成40根抗滑桩全部在"船上"。

（3）最大设计外力的分配：

最好是点绘"分块下滑力计算在横向不同位置的下滑力曲线图"，根据下滑力曲线图作下滑力分配，分为几个代表地段来分担，即上方的下滑力由支挡构造物切断，不往下传。支挡构造物外侧的被动土压力为零。

（4）克服群锚效应不利因素的补救措施：调整锚索下倾角、设置长短锚索。

（5）线位选择：如果当时在施工图阶段，地勘工作做细，该段应为隧道通过，而不是明线路基通过。因该段已是古滑坡，施工开挖后引起古滑坡复活。

23 库岸再造问题的勘察和处治

（2013 年 12 月 16 日）

23.1 基础资料的收集

23.1.1 投资划分的四种情况

（1）公路在先，水库在后：库岸再造的勘察与防治费用由水库部门承担。

（2）水库在先，公路在后：库岸再造的勘察与防治费用由公路部门承担。

（3）公路与水库的建设同步，业主均为水库部门，库岸再造的勘察与防治费用，均由水库部门承担。

（4）公路与水库的建设同步，各有业主，库岸再造的勘察与防治费用，专题协商。

23.1.2 水库单位应提供资料

包括坝址位置及高程、库区对公路建设影响范围、死水位、设计低水位、设计高水位、汛期水位、非汛期水位、水库建设阶段上级对水库建设批复意见等。建议由水库单位正式来函，作为库岸再造勘察与防治设计单位的依据，并作为附件纳入设计文件。

23.1.3 库岸再造地段的勘察

（1）编制"库岸再造地段的平面总图"

根据水库单位正式提供的有关资料，和公路单位初设、施工图阶段审批后的平、纵剖面设计图，编制"库岸再造地段的平面总图"，标出坝址、水位、库岸再造影响范围，以及公路工程的桥、涵、隧、路地段和具体里程。

（2）充分利用公路、水库单位已做工程地质勘察资料

通过业主向水库、公路单位搜集其已做的工程地质及水文地质有关资料，将其纳入"库岸再造地段工程地质勘察报告"。

（3）库岸再造地段工程地质勘察

① 了解并掌握库区已有的工程地质勘察资料。

② 进现场做库区影响地段的工程地质调绘。

③ 判定和确认库区库岸再造对公路影响地段和非影响地段，并列表说明。

④ 按库岸再造及防治的阶段性要求进行勘察，并对公路受库岸再造影响地段，分段提出"库岸再造地段工程地质勘察报告"，其中应包括：工程地质总说明、工程地质平面图、代表性工程地质剖面图、钻孔柱状图及试验资料、库岸再造预测成果资料、防治措施建议意见，及有关附件。

23.2　库岸再造预测方法

23.2.1　岸坡结构法

为成都理工大学在三峡库区数百段库岸再造地段总结出来的方法——库岸结构法，适用于山区河道型水库，已在三峡库区、雅泸高速公路瀑布沟库区、二滩电站库区、宝珠寺水电站库区使用，预测方法如下：

（1）库区死水位与库区设计低水位之间的塌岸范围，由不同地层结构的稳定安息角组成。

（2）库区设计低水位与库区设计高水位之间的塌岸范围，由不同地层结构的稳定安息角组成。

（3）库区设计高水位以上的塌岸范围，由不同地层结构的稳定安息角组成。

（4）库区塌岸预测范围 S = 库区设计高水位以上库岸再造影响范围。

如图 23-1 所示。

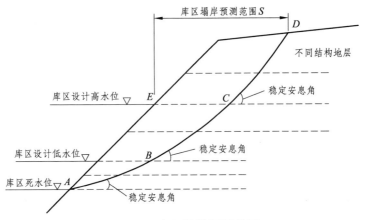

图 23-1　库区塌岸预测范围

23.2.2　极限平衡法

（1）通过工程地质调绘和勘探孔编制工程地质剖面图。

（2）检索最不利滑动面（需考虑不同滑面的 c、ϕ 值、水位骤降所造成的动水压力），求得最不利工况下所产生的潜在最大推力。

23.2.3　其　他

根据现场实际情况和不同的地层结构，研究并确定库岸破坏模式作为防治设计的依据。

23.3　库岸再造防治措施

23.3.1　当公路建设与库区建设同步实施时

（1）"弃渣反压 + 格宾挡墙"处治措施

可利用公路建设的挖方弃渣对库岸岸坡进行反压：通常在死水位处设石笼或格宾挡墙作为基座，然后弃渣反压，以减缓库岸再造带来的不利影响。如有条件建议对弃渣做碾压，以增强弃渣稳定度。需注意的是，此方法会减少库容。

（2）"挡墙 + 实体护坡"处治措施

挡墙设于库区最高设计水位以下，墙顶设实体护坡（护坡设有反滤泄水孔，当水位降落时尽量减小动水压力）。一般要求挡墙置于基岩，为主动土压力控制，最大水平推力≤400 kN/m，否则挡墙截面太大，须改变支挡类型。

（3）于新建公路的路肩处设支挡工程（如，路肩挡墙、路肩钢管桩、路肩抗滑桩）

这种设计的思路是保公路的稳定与安全，尽量避开库岸再造的影响，以减小支挡的工程量，避免造成投入过大。但要与库岸的工程地质相结合，如地层结构复杂，不利设路肩支挡，则须另选方案。

（4）于新建公路的迎水侧、库区设计最高水位附近设挡防工程

上述（1）～（3）条所介绍的防治措施方案，分别是在库区设计死水位附近、最高设计水位以下以及新建公路迎水侧的路肩处设挡防工程。此外，还可结合库岸的地层结构和库岸再造破坏模式，在平面设计中将支挡工程设置于"库区设计最高水位附近"（预测的塌岸范围的中部附近）。

其设计要点：桩顶高程考虑波浪高、雍水高、加安全高诸因素，常用以抗滑桩和锚索桩的支挡类型；如侧向推力太大，单一的抗滑桩设置有困难时，则可采用"小型短抗滑桩＋桩顶设框架梁锚索"的支挡类型。

23.3.2 当公路已建成，库区建设在后时

（1）尽可能于已建公路迎水侧的路肩处，强化支挡措施

这种设计的思路是，为尽量避开库岸再造的影响，把强化支挡措施设于已建公路迎水侧的路肩处，尽量减小挡防工程的投入。此种情况因水库蓄水后的库岸再造而产生的塌滑对公路稳定与安全不构成威胁。如广巴高速公路 K125＋780～K125＋960 段库岸再造的防治措施。

（2）于已成公路迎水侧、库岸滑塌体的中部设支挡工程

如已成广巴高速公路 K120＋580～K120＋700 段库岸塌岸地段，其中 G 匝道已处于塌岸范围内，根据钻探后的工程地质剖面图，若将支挡工程设于路肩处，则抗滑桩很长，工程投入过大，故经方案比选后将抗滑桩设于滑塌体的中部（库区设计最高水位附近），确保 G 匝道的稳定与安全。

（3）已成公路桥位下，处于库岸再造滑塌体范围内的防治措施

如已成广巴高速公路 K133＋200～K134＋100 段的桥跨地段，桥下为高差较大的危岩体，处于蓄水后的塌岸范围，如不处治，危岩体的滑塌对桥墩的安全将构成威胁，故设计采用清方的处治设计方案。

23.3.3　库岸再造防治设计要点

（1）要有足够的工程地质勘察资料（包括钻探资料），作为设计依据。

（2）防治工程的平面设计：位于库岸再造预测滑塌体的上部（路肩处）、中部（库区设计最高水位附近）、下部（死水位附近），并经技术、经济比选后确定。

（3）不宜过多地做清方减载处理，会增加弃土场的防护工程费。

（4）视库岸再造防治工程设计的阶段性，其防治工程费用要满足预算不超概算、概算不超工可审批估算的现行管理体制要求。

24 "气泡混合轻质土路基"简介

（2015 年 1 月 8 日）

本节以"遂宁—广安高速公路 K54＋170～K54＋255 段，右侧已建路肩挡墙（墙高 11 m）垮塌后，在研究处治设计方案时，拟建气泡混合轻质土路基"为例，略加简要说明进行介绍，供参考使用。

24.1 既有路肩衡重式挡墙垮塌后修复方案的选用

24.1.1 既有路肩衡重式挡墙垮塌情况

遂宁—广安高速公路 K54＋170～K54＋255 段，长 85 m，为半填半挖斜坡路堤，地表为薄层黏土，下为水平状的砂泥岩互层，最大墙高为 11 m（＋2 m 垫基），设计承载力要求 300～400 kPa。2014 年 7 月 11 日凌晨 4 时垮塌、侧翻，全部不能利用，须重建。初步分析变形原因为：区内发生强降雨、施工时挡墙截面尺寸未按设计要求办理（偏小）、墙背填料未采用透水性材料等。

24.1.2 侧翻路肩挡墙修复设计方案的选用

（1）气泡混合轻质土路基设计方案：估算造价 302.69 万元，初拟采用。

（2）右幅设桥设计方案：5×20 m 简支小箱梁，估算造价 433.78 万元，拟放弃。

24.1.3 2014 年 12 月 29 日评审后设计方案

（1）气泡混合轻质土路基设计方案，是一种有效的支挡类型，但由于底宽与墙高比小于 0.5，基本成为倒三角填筑体，稳定性差，且须专业施工队伍施工，工艺较复杂，故拟放弃。

（2）专家评审意见：建议采用施工工艺成熟的"桩基承台路肩挡墙"设计方案。

24.2 "气泡混合轻质土路基支挡类型"的简介

已有"气泡混合轻质土填筑工程技术规范"可供参考，该类轻质路基系由下列措施组成。

1. 面　板

轻质路基外侧，设厚 20 cm 的钢筋砼面板（钢筋砼保护壁）。

2. 地基处理

当地面横坡较陡、无襟边保护层时，须设人工基础。可设钢管桩承台基础加系梁：例如，两排钢管桩、Φ140 mm、长 6 m；面板置于钢管桩之上。

3. 靠山侧边坡处理

对水平状的砂泥岩互层临时开挖坡比可取 1∶0.5，级高不超过 3 m，平台宽 1.5 m，在此边界至面板范围内浇筑气泡混合轻质土。

4. 加筋措施

（1）于临时开挖边坡的上、中、下设斜向短注浆锚杆：Φ25 mm，纵向间距 2 m，长 2.5 m，其中露出 1.0 m 于临时边坡外，与轻质砼同时浇筑，使之联为一体。

（2）铺设钢筋网：于填筑体的上、中、下各铺设一组，共 3 组，每组由两层钢筋网组成，钢筋网的规格为 Φ3.2@10×10 cm，钢筋网的外端与面板连接，类似"加筋土挡墙"。

5. 轻质砼浇筑

其施工工艺要求较复杂，要求专业队伍施工，已有现行施工技术规范，要求分层浇筑，与面板同时作业。

6. 地下排水系统

（1）于临时开挖边坡平台处设纵向盲沟（30 cm×30 cm 级配碎石方形盲沟）。

（2）横向间隔盲沟：Φ15 cm 软式透水管，纵向间距为 5 m。

（3）钢管桩顶平台处设 30 cm 厚级配碎石排水垫层。

（4）面板附近纵向进出口处理。

7. 面板内侧设护栏基座

由两层组成，底层设有间隔横向排水管，即 PVC 排水管，Φ7.5 cm，纵向间距 5 m。

8. 轻质砼顶面

铺设一层防渗土工布。

24.3　气泡混合轻质土路基使用时应注意问题

（1）轻质路基基底要求稳定，如为不稳定斜坡路基，应做加固处理。

（2）尽量避免成为倒三角的填筑体，其底宽与墙高之比，不宜小于 0.5，即当路基填筑体的高度为 10 m 时，其底宽不小于 5 m，以防失稳。且墙高不超过 10 m。

（3）轻质砼的施工工艺复杂，应有专业队伍。

（4）地下排水系统的设置必须有效。

（5）加筋措施很必要，确保面板稳定。

25 洪灾后弃土场变更设计中的几个问题

（2010 年 9 月 28 日）

25.1 工程背景

25.1.1 基本情况

2010 年 7—8 月洪灾期间，对四川省在建高速公路弃土场造成极大的破坏，其中尤以在建的达陕高速公路和广甘高速公路更为惨重。业主曾经组织省内、外专家，对弃土场遭受破坏情况作现场考察，几乎"逢场必损"，经济损失多达数千万元，设备被冲，民房、工棚被埋，已建挡防工程和改沟工程有三分之一被推毁，严重威胁各方生命财产安全。

25.1.2 究其原因

（1）"5·12"汶川大地震引发的泥石流次生灾害。

（2）100 年一遇的特大暴雨，引发大量泥石流下泄。

（3）弃土场设计的安全度很低，无法抗衡特殊工况。

（4）施工管理不善，乱弃乱堆，先弃后挡。

25.2 弃土场的选址问题

（1）不应设于地物集中的区域，如：民房、地方公路、厂区、渠道、高压铁塔等重要地物集中的地段。

（2）避免占用农田耕地。

（3）避开汇水面积、流量较大的原沟，否则要有特殊措施。

（4）桥跨下设弃土场要慎重，要与路基通过方案作比较。

（5）对容量较大的弃土场，要通过航片检查支沟是否存在泥石流或危岩落石地质灾害。

（6）要了解地方用地规划情况。

（7）施工图设计提供弃土场位置，在施工过程中场址调整后均要做设计复查（包括土方调配方案、弃土场变更设计）。

25.3 弃土场设计

1. 设计标准

按永久工程考虑，其稳定度等同路基工程；改沟设计流量按 50 年一遇考虑。

2. 弃土场基底处理

一般要求于原沟设片石排水沟，尽快排除地下水。

3. 改沟设计

（1）对原沟过水断面进行调查，按 50 年一遇的流量设计改沟过水断面。

（2）要根据初拟的改沟过水断面、改沟纵剖面图计算流速，落实冲刷深度。

（3）改沟工程沟底的防冲措施，可用防冲间隔肋坎（间距 4~8 m）；对流速较大的改沟地段应考虑全封闭铺砌。

（4）对流速较大的地段，应考虑片石砼圬工规格。

（5）改沟起、止点应顺接原沟，并有防护措施，如铁丝笼、挡水坎。

（6）常有"先弃渣后改沟"的施工顺序，故应有地表临时排水措施。

（7）除改沟工程外，还应有地表排水沟措施。

4. 防冲墙的设计

（1）在确定防冲墙的截面尺寸时，要考虑动水压力。

（2）防冲墙不能用干砌，一般采用片石砼。

（3）防冲墙体泄水孔的设置，其孔径不小于 10 cm。

（4）防冲墙的墙底标高要置于冲刷线以下。

（5）当承载力受控时，要有地勘资料作为设计依据。

5. 弃土场下方挡土墙设计

（1）要有地勘资料作为设计的依据。

（2）当墙高大于 6.0 m，且地表覆土较厚时可设桩板墙。

（3）当地面平缓时（墙外），可用间隔支肋以增加挡墙稳定度。

（4）有条件地段可设拱形支挡，以提高抗滑、抗倾安全系数。

（5）墙体泄水孔的布设更为重要，宜加大泄水孔直径。

（6）按先施工挡墙、后弃渣，并留缺口处理。

6. 多级边坡的弃土场设计坡比确定

（1）每级边坡高按 8.0 m 考虑。

（2）平台宽度按 1.5～2.0 m 考虑。

（3）每填筑高 2～3 m 时要做碾压处理。

（4）每级边坡设计坡比按 1∶2.0 考虑。

7. 弃土场坡面处理

播种草籽绿化。

26 弃土场病害问题产生原因初探

（2014 年 4 月 1 日）

26.1 弃土场病害的表现形式和特征

（1）出现不稳定的高陡弃渣边坡：由于无序施工，对弃渣未作夯实，无分级，未按设计要求坡比施作，形成一坡到顶的不稳定边坡，在暴雨或洪灾的作用下，产生变形、下滑、溜坍，对弃土场下游造成各种危害。

（2）已成改沟、改渠工程受冲毁：这种病害多发生在弃土场内的填筑体上修建的改沟（改渠）工程、于桥位下弃土场修建的改沟（改渠）工程，以及弃土场的末端与主线平行的改沟（改渠）工程等三种不同的平面位置。多因设计时无设计流量、流速计算，其过水断面未能满足实际需要，或改沟（改渠）工程抗冲刷能力太弱所致。造成已成工程受冲刷，引发下游各种灾害。

（3）弃土场整体失稳：弃土场设于主线路基或桥位的上方斜坡上，多因施工单位采用"先弃后防"的施工顺序，在防、排水未施作之前，弃土场即产生失稳滑移，造成已建桥墩和梁体受侧向推力而受损变形，梁体移位，桥墩变形断裂，或主线路基变形。

（4）弃土场末端拦渣墙受损变形：由于拦渣墙采用干砌、拦渣墙的基础置于不稳定土层上、拦渣墙设计采用推力偏小等原因，拦渣墙发生位移变形而失效，导致拦渣墙的上、下游均出现各种灾害，甚至出现拦渣墙下游河道受堵，形成堰塞湖。

26.2 弃土场出现病害原因分析

26.2.1 弃土场设计的基础资料严重不足

（1）缺场址工程地质评价、缺场址征用可能性的调查落实，使弃土场修建于不稳定的斜坡上。如设于桥位的上方，严重威胁桥位安全；或因地方规划而无法征用，迫使弃土场移位。

（2）缺工程地质勘察资料的搜集：工程地质勘察工作多针对主线而展开，弃土场的设置多在后期，因此弃土场的设计基础资料仅有一张1∶2 000 的平面图，拦渣墙的设计多数无地勘资料。因此，弃土场的设计应有工程地质勘察资料作为依据。

（3）缺弃土场场址地表径流的水文勘测资料，更无地下水文资料的搜集，因此改沟（改渠）工程的设计，均无设计流量、流速、冲刷等计算资料，多造成改沟（改渠）过水断面不够而被冲毁。

26.2.2　弃土场设计的深、细度不够

（1）未对弃土场场址可实施性、征用可能性作确认，而造成移位。

（2）按经验确定改沟、改渠的过水断面，无实测的改沟、改渠剖面图，无流速计算，多数造成已成改沟、改渠工程受冲毁。

（3）对地下水的处治缺乏有效措施，致使弃土场基底排水不良，造成弃土场滑移，或增加拦渣墙的推力而失效。

（4）拦渣墙的设计无地勘资料，常把拦渣墙置于土层上，因承载力不足而使挡墙失稳，或设计采用干砌拦渣墙抗挡能力较差而失效。

（5）对弃土场的整体稳定性未做检查。特别是弃土场位于斜坡地段、对地下水未做处理、拦渣墙的设计取主动土压力的情况下，常有拦渣墙被推毁的情况。

（6）无弃土场施工便道的布设和要求。

（7）对弃土场在施工期间的临时排水措施未作要求和说明。

26.2.3　弃土场施工时未按设计要求办理

（1）未通过设计、监理、业主的认可，自行取消或增设弃土场。而增设的弃土场在无设计的情况下施工。

（2）先弃渣后设防，或先弃渣无设防，遇暴雨或洪灾造成弃土场被推毁。

（3）未按设计要求做分级、夯实、设稳定坡比，而采用一坡到顶，形成不稳定的边坡。

（4）未按设计要求的弃渣范围、自下而上堆放夯实，随意改变弃渣范围而集中堆放。

（5）弃土场在施工过程中，无地表临时排水系统，造成施工期间地表排水不畅而引发病害。

（6）监理、业主管理不善，对存在问题未及时处理。

26.3 弃土场设计应注意问题

26.3.1 弃土场设计基础资料的搜索

（1）对场址征用可能性要落实：主要是针对地方规划和当地居民意见，分别落实场地征用的可能性，在施工图阶段必要时应有协议。

（2）对场址应有工程地质评价：在施工图阶段对拟定弃土场，根据区段土方调配资料落实弃土场的设计容量。对场址补充工程地质评价，查明是否存在滑坡等地质不良现象。

（3）场址地表径流资料搜集：包括汇水面积、设计流量计算、弃土场下方临近河流的形态勘测和冲刷计算。

（4）场址工程地质说明，特殊场址应有水文地质情况描述。

（5）拦渣墙处应有工程地质剖面图，落实墙基埋深，必要时应有槽探或钻孔资料。

（6）改沟、改渠工程，应有实测纵剖面图。

26.3.2 弃土场设计应注意问题

（1）设计容量：根据区段土石方调配实际情况，落实设计容量。

（2）弃土场主轴线纵剖面设计：根据弃土场设计容量，落实弃土场边坡的分级、级高、设计坡比、平台宽度、弃土场尾部拦渣墙平面位置。

（3）地表排水沟工程：多设于弃土场的两侧，并形成环形，需注意上、下游连接。

（4）改沟、改渠工程：

① 平面布设：有条件的场址，可设于弃土场的一侧；为缩短改沟、改渠长度，须设于弃土场填筑体上时，应有夯压措施，以防不均匀沉降。

② 设计流量的采用：一般情况可采用与路基工程相同 50 年一遇的设计流量；遇特殊情况，如拦渣墙下方为密集的居民区、重要道路、或弃土场设于桥位上方，建议采用 100 年一遇的设计流量，与桥梁工程相同。

③ 改沟（改渠）工程过水断面的截面尺寸和防护：根据采用的设计流量和纵坡，落实改沟、改渠的过水断面面积，截面可用梯形、半梯形、矩形。其防护类型按流速大小选用，当流速较大时，不宜采用浆砌圬工，宜考虑片石砼圬工规格，必要时应考虑设置消能措施。

（5）对地下水处治：原则上应于弃土场沟心处设片石排水沟（盲沟），以利弃土场底部的地下水排出。

（6）临时地表排水系统：对复杂的弃土场，在设计说明中应交代临时地表排水系统设置的要求，以防弃土场在施工过程中受水毁。

（7）支挡工程设置：

① 支挡工程的平面布设：一般情况下仅于弃土场的尾端设拦渣墙。通过弃土场的稳定性计算分析，必要时可于拦渣墙的上方设抗滑齿墙，但沟心土层过厚则不宜设抗滑齿墙。

② 支挡工程设计外力取值：一般情况下取主动土压力；通过斜坡稳定性计算，当有下滑力时，应取推力的大值。

③ 拦渣墙的结构类型：一般情况下常用重力式挡墙，按主动土压力考虑；当侧向土压力较大，可选用以桩板墙为主的结构类型；当弃土场的纵坡较陡，存在潜在滑动面时，应检索最不利滑面，计算滑坡推力作为拦渣墙的设计依据。

④ 无论是重力式挡墙或桩板墙，都应有泄水孔，必要时应对泄水孔的设置提出要求，如设反滤层、加大泄水孔截面，甚至于墙顶或桩顶设被动网。

（8）在设计说明中要交代施工便道的设置，并示于平面图上。

（9）对有复耕要求的弃土场，在设计说明中要提出具体要求。

26.4 结　语

自 2008 年"5·12"汶川大地震以来，在四川境内高速公路弃土场工程中，遇到几次特大暴雨，出现洪灾，致使在建或已建弃土场严重受毁，经本人参加过的病害弃土场处治设计方案评审，初步统计约有 30 多处，其损失严重，达数千万元，造成高速公路本身巨大经济损失，亦波及社会各个方面受到影响。究其原因，系对弃土场建设不够重视，地勘及径流资料收集不够，设计深度及措施不足，造成弃土场产生病害，建议需认真总结。

27 读《交通科技与汶川地震灾后重建》 26项调查表后的工程建议

（2010 年 11 月 5 日）

在阅读为《交通科技与汶川地震灾后重建》科技项目总报告提供素材的 26 项"调查表"后，感触很深，它既是"5·12"汶川地震灾后广大建设者们拼搏奋战的缩影，亦为今后同类工程建设提供宝贵的参考资料。为使课题项目总报告更具系统性、工程亮点更突出，特提出如下参考建议。

27.1 震后公路工程地灾处治的定性决策

27.1.1 定性决策的依据

（1）震后公路桥涵、隧道、路基工程的病害调查、测试和评价成果资料。

（2）震灾后全线工程地质灾害普查的调查报告资料。

（3）严重灾害地段的调查研究报告，如：严重的泥石流地段、严重的危岩落石地段、严重的河道堵塞或水毁地段。

（4）利用既有航片做工程地质判析资料等。

27.1.2 不同类型的定性决策

（1）"灵活掌握技术标准地段"的研究与报批。

（2）"先通后处治地段"的调研成果资料与报批。

（3）"后处治"地段的可实施性的评价报告，并有处治方案设计图。

（4）落实明线路基通过的灾害处治地段。

（5）落实原平、纵剖面设计不变，采用棚洞通过地段。

（6）对严重地质灾害地段采用改线隧道绕避通过时，要有路、桥、隧处治设计方案的技术、经济、工期、可实施性的比较资料。

27.2 交通科技在震洪灾后公路路基重建工程中的应用

27.2.1 路堑高边坡的处治

（1）路堑边坡格宾挡墙的使用（因地制宜地使用）

① 路堑边坡基本上是稳定的，横坡较平缓，只解决局部溜坍。

② 格宾挡墙具有承载力要求低、有利排除地下水、经济、可绿化等特点，但不能承担较大的横推力，墙高受限制，不宜作为路肩支挡（属柔性结构）。

（2）桩、挡、锚、网组合防护与加固措施的应用

① 要有足够的工程地质详勘资料，作为病害路堑边坡处治的依据。

② 常用的不同防护与加固类型：各单项防护与加固措施的合理组合。

A. 一级边坡采用重力式路堑挡墙或抗滑桩（或锚索桩）。

B. 二级边坡及以上采用；框架梁锚杆、框架梁锚索、挂网喷砼 + 垫墩压力注浆锚杆（索）、铺设柔性主动网 + 垫墩锚杆（索）。

C. 柔性被动防护网在路堑边坡的使用。

D. 对有条件的地段采用绿色防护措施。

（3）工程亮点

① 详细掌握灾后工程地质情况，对路堑边坡的稳定要做出评价。

② 当路堑边坡处于欠稳定或不稳定状态，对潜在破裂面或潜在滑动面的特性，力求量化，作为设计的依据。

③ 当存在边坡不稳有下滑力时，要在最不利工况下，求得外力；如分级抗滑支挡时，存在设计外力的分配问题。

④ 不同类型的防护与加固措施的合理组合与设计方案比选。

27.2.2 灾后路面纵横开裂、下沉的处治

（1）通过工程地质调查测绘，对路堤填方基底的稳定性、斜坡路堤

的稳定性、填筑体本身震后开裂与下沉三种不同工况做出评定。

（2）当填方基底及斜坡路堤的稳定性均无问题，仅路堤填筑体震后开裂、下沉，处治措施可按不同病害采取：

① 路面结构层下翻挖、回填、夯压 80 cm 砂砾层。

② 当裂缝垂线较深、裂缝较密集时，采用"钻孔压力注浆"改良加固。

③ 病害情况轻微时，仅对地表裂缝作水泥砂浆回填。

（3）工程亮点：强化地调，按不同的病害情况，采取针对性措施。

27.2.3　灾后既有路肩挡墙不同破坏类型的对应措施

（1）强化对既有挡墙受损的不同类型、挡墙基底地层稳定情况的调查。

（2）根据震后既有路肩挡墙破坏情况，可分为如下几种类型及对应措施：

① 对既有挡墙基底稳定，挡墙无外移、外倾，仅局部受损，则采用局部修复的处治措施。

② 对既有挡墙基底稳定，而挡墙外倾、倾倒、破坏严重时，则就地拆除重建，墙高可参照原墙高考虑。

③ 当既有挡墙基底稳定，墙身仅微量外倾（1～3 cm）、伸缩缝张裂、挡墙整体稳定性较好，则采用"既有挡墙充分利用＋适当加固措施"的处治方案：

A. 挡墙外侧增设短桩，桩顶位于墙高的 1/2 处。

B. 既有挡墙外侧增设"间隔支撑斜肋"，提高既有挡墙的稳定度。

C. 于既有挡墙外侧墙面上，增设"框架梁（竖梁）锚杆（索）"，提高既有挡墙的稳定度。

（3）工程亮点：强化地调，分类处治，量化墙背土压力。

27.2.4　桩基托梁挡墙的应用

（1）使用条件及范围：用于地面横坡陡、覆土厚、承载力不能满足设计要求的高挡墙地段、挡墙基坑开挖数量大、临河侧受冲刷严重等灾后重建改线地段。严格要求有详细的工程地质勘察资料与河岸冲刷水文计算资料。

（2）桩基托梁挡墙设计的关键是：外力取值量化准确。即桩基锚固段顶面以上的土体，取库仑土压力和潜在滑动面下滑力的较大值，其中设计参数的取值尤为重要。

（3）桩基的类型：视侧压力的大小和桩基施工条件，有横向单桩、横向双桩、矩形桩、钻孔圆桩、锚杆（索）桩等，不同桩基类型的选用，都需要作技术、经济比较。在设计中还有桩顶位移量控制、墙背填料选用、锚索张拉锁定值的确定、桩前冲刷、桩和托梁及墙体重心垂线的确定等细节技术问题。

（4）工程亮点：桩基托梁挡墙的使用条件、设计外力的合理确定、桩基类型的选用三个方面。

27.2.5　框架梁预应力锚索在震后顺层滑坡地段的应用

（1）是在取得足够工程地质详勘资料的基础上，经技术比较后采用框架梁预应力锚索处治顺层滑坡。

（2）"框架梁预应力锚索技术加固顺层滑坡地段"的关键分两部分：合理设计、确保工程质量。

① 合理设计内容包括：加固范围的确定、设计外力合理确定、群锚平面设计、单根锚索设计荷载选用、锚索纵横间距确定、锚固段长度确定、锚头固定方式、坡面防护、地表排水系统等。

② 工程质量：框架梁预应力锚索在现行施工规范中已有详细规定。在施工过程中，通过造孔落实滑动面的标高和位置、通过拉拔试验核实锚固段长度的合理性、塌孔跟管钻进工艺、锚索张拉和锁定施工工艺等四个方面尤为重要。

（3）工程亮点：

① 选用预应力锚索加固顺层滑坡在技术、经济上的优势。

② 锚索设计外力取值与实际情况基本上吻合。

③ 锚固段有效长度的确定与地层强度协调配合。

27.2.6　对震洪灾后危岩、落石、泥石流地质灾害的处治

（1）对危岩、落石、泥石流极为严重地段，若明线路基通过在技术

上没有把握、在经济上处治费用较高，通过技术、经济比较后，宜采用绕避改线隧道通过。

（2）对震洪灾后的泥石流地段，通过地调和航判做出评价。当泥石流规模是可控、可处治时，则采用：疏通堵塞河道、设明洞、洞顶设渡槽、拦渣墙等综合处治措施。

（3）工程亮点：因地制宜，分类处治，处治措施可操作，工程效果能保证。

27.2.7 震洪灾后沿河路基防护措施

（1）做好现状调查，掌握震洪灾后沿河路基受损情况、河床堵塞及水位抬高情况、堰塞湖现状以及沿线工程地质情况，作为设计依据。

（2）处治措施：

① 特别严重地段，应全段统一考虑，结合改线绕避。

② 研究疏通被堵塞河道的可能性和工作量，以降低水位。

③ 既有挡墙加固改造。

④ 对水位无法降低致使路基受淹地段，要落实提坡的可能性，或在既有挡墙顶设防浪胸墙的可能性。

⑤ 新建钻孔桩基托梁挡墙。

⑥ 于路堤靠河侧设置防冲砼四面体，对路堤边坡进行防护。

第二部分

工程实例设计

1　川东某高速公路桥台路基侧滑抢险处治动态设计实例

（注：原文刊于《公路》2017 年第 11 期）

1.0　引　言

与在建期不同，高速公路运营阶段的路基病害处治一般有以下特点：（1）根据病害情况，可将处治措施分为临时、永久两类，且需注重"永临结合"；（2）设计方案应简单易行、处治措施应注重现场可操作性、既有构筑物应尽量利用；（3）施工过程中应保证车辆的安全通行；（4）视病情急缓、重要程度，常需引入"动态设计"的理念，即，边设计边施工。另一方面，与单纯的路基病害处治工点亦有区别的是，山区高速公路桥台路基病害的处治涉及地质、路基、桥梁、路面、交安工程等多个专业的相互交叉，应视为一项以安全、保通为主要约束条件，以病害永久处治为最终目的"系统工程"。以川东某高速公路一处桥台路基侧滑病害实例为研究对象，详细讨论了该工点抢险处治的动态设计流程，所得成果可为高等级公路桥台路基病害处治的设计与施工提供类比的技术资料及参考。

1.1　工程概况

川东某高速公路于 2012 年初通车。XLT 大桥全长 908 m，最大墩高 72 m，桥台均采用桩柱式结构，钻孔灌注桩基础。南岸桥台附近岩土层由上至下分别为人工填土、砂卵石层、泥质夹层及砂岩（T_3^x）。区内年降雨量一般在 800~1 000 mm，且降雨多集中在 7—9 月。

高速公路建成运营后，当地于 XLT 大桥南岸桥台右侧弃土，其范围侵占桥台锥坡，2014 年 9 月 12—15 日该地区连续强降雨使得该弃土场变形下滑，其牵引作用造成右侧桥台锥坡及左侧路基侧向滑移（图 1-1~1-4）。由于该段病害已造成高速公路断道，须按应急抢险工程立即处治。

图 1-1　南岸右幅桥台路基破坏
情况（2014-9-24）

图 1-2　右幅桥台背路面底基层
脱空（2014-9-24）

1.2　动态设计的过程

应业主"尽量永临结合"的要求，课题组采取动态设计、动态施工的思路逐步调整、优化处治措施。下面对 XLT 大桥南岸桥台路基病害的多期现场调查、方案讨论及处治措施分别叙述。

1.2.1　第一期现场调研及相应处治措施

（1）路基部分

① 病害情况：课题组于 2014 年 9 月 24 日第一次进入现场调查，病害情况如下：右幅桥台台背纵向约 15 m 范围出现路面底基层脱空（以下简称"右幅病害"），脱空横向最大约 6 m，竖向最高约 1.2 m（图 1-1、1-2）；右幅 21 号桥墩与 22 号桥台之间左幅路中墙纵向约 30 m 长范围竖向沉降最大可达 50 cm（图 1-3），且墙背路基有脱空病害（以下简称"左

幅病害"），其范围横向最大可至 2.3 m，路面底基层与路床间脱空高约60 cm，因观测受限，其拉张裂缝深度（目测大于 60 cm）与宽度无法量测。路中墙外侧坡面纵向裂缝（图 1-4）最大宽约 10 cm；21～20 号墩柱之间外侧路基坡面亦可发现纵向裂缝，其宽度较小（目测小于 1.5 cm），且沿小桩号方向逐渐尖灭。

图 1-3　路中墙竖向沉降　　　图 1-4　右幅桥梁下方坡面的纵向
　　　（2014-9-24）　　　　　　　裂缝（2014-9-24）

② 病害原因：高速公路建成运营后，当地于 XLT 大桥南岸桥台右侧弃土，其范围侵占桥台锥坡，9 月 12—15 日该地区连续强降雨使得该弃土场变形下滑，其牵引作用造成右侧桥台锥坡及左侧路基侧向滑移。

③ 处治措施的建议：业主前期已对该路段实行交通管制（右幅断道，左幅双向通行），9 月 24 日现场调查时又发现左幅出现右幅类似病害，随时可能断道，并存在重大安全隐患，建议按应急抢险工程处治，具体措施如下：

A. 对左幅病害段落，立即采取交通管制，禁止上行车辆通行，并立即采用"C20 砼灌注密实"的临时措施，在确保行车安全后，恢复双向通行。

B. 对右幅病害段落，建议继续实行交通管制，禁止车辆通行。初步确定于路肩适当位置采用钢管桩措施加固处治，具体为 3 排钢管桩，孔径 168 mm，管径 146 mm，管壁厚 6 mm，长约 16 m（嵌入基岩深度不小于 8 m），其长度根据成孔情况动态调整，钢管桩梅花形布设，沿路线方向纵向间距 1.5 m，横向间距 1.0 m，于桩顶设系梁。并根据实施情况进行动态设计。

C. 对左幅病害段落，亦采用钢管桩措施加固处理，钢管桩参数可参照"右幅病害段落"处治措施，钢管桩设于右幅外侧（由于外侧边坡较陡且表面填土松散，实际施工设于右幅桥梁正下方）。

D. 为确切掌握路基病害发展变化情况，采取地表位移监测措施。具体为路中墙段落纵向布设不少于 4 个监测点；右幅病害段落纵向设不少于 3 个监测点；左幅病害段落纵向布不少于 4 个监测点。要求每天测 2 次，降雨时监测频率加密，当日及时反馈监测数据，如有特殊情况立即上报，并安排专人巡视，确保安全。

E. 对于病害路段，要求采用彩条布覆盖，以防止降雨进一步冲刷、侵蚀土体。

F. 建议立即清除 XLT 大桥南岸桥台右侧弃土，防止病害进一步发展。

（2）桥梁部分

① 病害情况：右幅 22#桥台的帽梁，在靠右侧一根桩附近分布有四条近似沿竖向方向的裂纹，宽约 0.1～0.2 mm，裂纹总体呈上宽下窄，但未裂通至帽梁底部。

② 原因分析：同"路基部分"。

③ 处治建议：鉴于右幅 22#桥台锥坡及台后搭板路段附近的右侧边坡滑移，台后搭板路段已下沉变形，该段右幅已断道，建议按以下措施进行处治：

A. 稳定右幅 22#桥台附近的右侧边坡（按处治路基侧移的措施实施，完成前注意坡面防水）。

B. 在右幅 22#桥台、21#桥墩及 20#桥墩处，采取地表位移监测措施。具体布点与上述"路基部分"的表面监测相结合。

C. 清除右幅 22#跨靠 22#桥台端挤压边梁的土体。

D. 查明右幅 22#桥台帽梁的已有及潜在裂纹的宽度及深度，并做进一步分析。若帽梁裂纹深度限于保护层厚度范围内，可在稳定右侧边坡及桥台前置边坡后对裂纹进行封闭处理；若裂纹深度较大，则需对柱（桩）身进行裂纹检查，再针对性地做专项设计进行补强。

（3）处治措施的具体实施情况

业主于9月25日凌晨即组织相关人员对路基脱空病害进行了砼灌浆（图1-5），并采用路面开孔压浆的方式进一步增强填充密实性（图1-6）；施工方反映管径146 mm、厚6 mm无缝钢管短时间内购置存在较大困难，限于工期紧迫，故将其参数优化为管径127 mm、厚6 mm；根据代表性位置钢管桩钻孔取芯现场编录，将钢管桩钻孔深度动态调节为22.5～24 m，以保证钢管进入基岩深度6.5～9 m。

图1-5　路中墙背灌浆后（2014-9-25）　图1-6　钢管桩钻孔施工（2014-9-29）

1.2.2　第二期现场调研及相应处治措施

课题组于10月11、21日两次对工点进行了现场调查，抢险初期所布置表面位移点的监测数据显示，钢管桩施工完成后，斜坡体已基本稳定。鉴于已施工钢管桩嵌入基岩深度相对总桩长比例仍偏小，经反复讨论，将原设计钢管桩顶60 cm高联系梁提高至80 cm高，并沿联系梁纵向增设一排垫墩锚索，其间距为2.5 m，单根锚索由4束钢绞线组成，设计荷载500 kN，锁定荷载250 kN，锚固段长度8～10 m（图1-7、1-8）。

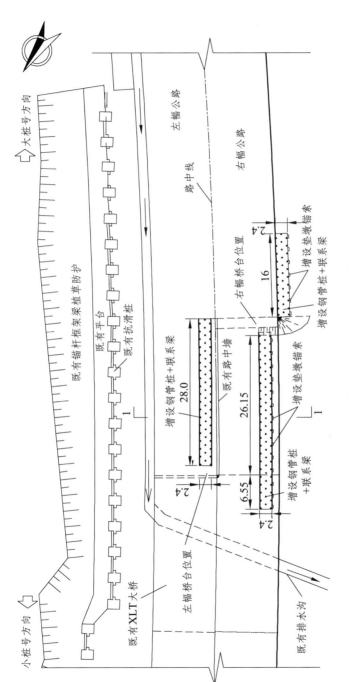

图 1-7 处治措施的平面布置图（单位：m）

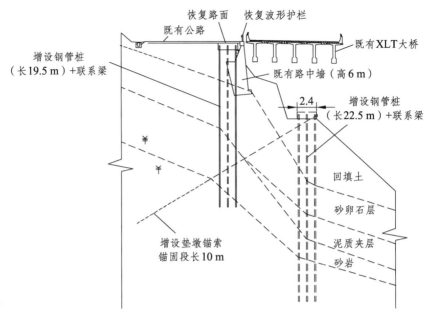

图 1-8 处治措施的典型横断面（1-1）布置图（单位：m）

1.2.3 第三期现场调研及相应处治措施

第三期现场调查的时间为 11 月 12 日。为查明右幅 22#桥台范围已有及潜在裂纹的分布情况，并对"右幅桥台背纵向出现底基层脱空范围内"的路面及相应基层进行重建，现场将右幅南岸路桥过渡段路面开挖至基层一定深度。

经现场查验，右幅 22#桥台范围内裂缝深度均限于保护层厚度内（图 1-9），遂决定对其进行表面凿毛处理后，封缝注胶；过渡段原路面揭开后，抢险期临时回填混凝土表面仍能发现裂缝，建议对其压浆处理以保证密实性；进而需考虑采用透水性良好的砂性土回填桥台锥坡，并用浆砌片石封面；鉴于锥坡台后防护段已有 80 cm 高、240 cm 宽的联系梁，可考虑施作硬路肩替代病害前的拱形骨架护坡结构；桥台背需增设 5 m 长搭板，搭板以下基础采用水泥混凝土，搭板以上路面选用 4 cm 细粒式 SBS 改性沥青混凝土 AC-13C + 6 cm 中粒式 SBS 改性沥青混凝土 AC-20C；而对于出现底基层脱空范围的病害路段，由于其纵长不大（约

15 m），建议选用"28 cm 新筑贫砼底基层 + 28 cm 新筑贫砼基层 + 8 cm 中粒式 SBS 改性沥青混凝土 AC-20C + 6 cm 中粒式 SBS 改性沥青混凝土 AC-20C + 4 cm 细粒式 SBS 改性沥青混凝土 AC-13C"的结构形式。

（a）桥台背　　　　（b）耳墙内侧　　　　（c）桥台外侧

图 1-9　右幅 22#桥台背、耳墙内侧及桥台外侧裂缝（2014-11-12）

1.2.4　左幅路中墙病害处治方案

（1）方案设计

如上所述，2014 年 9 月中旬，右幅 21 号桥墩与 22 号桥台间左幅路中墙产生了竖向沉降及墙背脱空病害，虽为保证通车前期抢险已采用砼灌浆的方式对脱空段落进行处治，但鉴于以下原因，建议对该段落进行处治：① 该段路中墙位于在建期所设抗滑桩外侧、2014 年雨季新产生变形体上部，对路中墙的加固保证了既有抗滑桩被动土压力区的稳定性；② 路中墙顶部既有防护栏混凝土与路面间纵向分布有约 1 cm 宽的裂缝；③ 抢险期已施工联系梁有越顶的可能。

方案设计时考虑了 4 种方案进行比选：

方案一：将既有路中墙挖除，在原位置设一墙高为 4 ~ 5 m 的 L 型挡墙。

方案二：挖除既有路中墙，在原位置重新设和既有路中墙相似的挡墙 + 钢管桩基础。

方案三：既有路中墙临空侧增设锚索框架梁或锚索竖梁。

方案四：左幅右侧（路中墙处）增设钢管桩。

① 方案一有结构简单，施工方便，对地基承载力要求低等优点。但 L 形挡墙要求基础必须稳定，此处仍位于新增变形体的上部，地基稳定性仍较差，加固效果难以保障，且重设挡墙施工工期较长、要开挖整幅左幅路基，将对公路正常运营造成较大影响。

② 方案二能提高挡墙承载能力，加固效果较好，稳定性好，施工方便等优点，但重设挡墙施工工期较长、要开挖整幅左幅路基，将对公路正常运营造成较大影响，且造价较高。

③ 方案三能提高挡墙稳定性，加固效果较好，且不会影响高速公路运营，但右幅桥下空间有限，无施工条件。

④ 方案四能提高挡墙的承载能力，加固效果较好，施工方便，施工过程中左幅公路半幅营运，对交通通行影响较小。

在上述方案研究的基础上，确定按方案四进行处治。

（2）具体处治措施（图 1-7、1-8）

① 挖除布设钢管桩处路面、路基至钢管桩顶面水平标高处。

② 钢管灌注桩加固：对病害范围公路右侧车道设置 3 排钢管灌注桩，排距 1.0 m，距离路左幅右边缘 1.0 m 设置外侧第一排，沿路线方向间距 1.5 m，当挡墙伸缩缝与灌注桩冲突时，适当调整灌注桩位置。钢管桩采用 Φ127 外径、6 mm 壁厚热轧无缝钢管，要求钢管桩打入基岩长度为总长的一半（施工后统计总长度介于 19.5 ~ 21.5 m）。

③ 桩顶采用联系梁连接，联系梁截面形状为两个大小不同矩形的拼接（图 1-8），联系梁顶面埋入路面以下 0.2 m。

④ 恢复路面、防撞护栏等设施。

1.3 结 论

以川东某高速公路一处桥台路基侧滑病害为研究实例，详细讨论了该工点抢险处治的动态设计流程，得到以下几点认识：

（1）山区高速公路桥台路基病害处治应视为一项涉及地质、路基、桥梁、路面、交安工程等多个领域相互交叉"系统工程"，在处治过程中需始终秉持"以安全、保通为主要约束条件，永久处治为最终目的"的设计理念。

（2）鉴于该段病害"已造成高速公路断道"的紧急状况，在处治中引入了"动态设计"的思路。采用"砼灌注密实路基脱空段落"作为临时措施以争取抢险时间并兼顾临时保通；选用"钢管群桩＋联系梁＋垫墩锚索"的轻型加固结构以有效缩短施工工期；将右幅南岸路桥过渡段开挖至基层一定深度，以针对处治22#桥台范围裂纹病害、并为路基路面的恢复提供空间；经方案比选，确定增设"钢管群桩＋联系梁"加固左幅病害段落，从而有效利用了已产生沉降的既有路中墙。

（3）该工点病害处治于2015年初完工。施工期间的监测数据、现场调查以及完工后的设计回访均说明，该段病害的加固设计是及时、适当的。

2 攀西地区某高速公路衡重式路肩墙外倾病害抢险处治设计实例

（注：原文刊于《公路》2018 年第 5 期）

2.0 引 言

选取攀西地区某高速公路一段高路肩墙外倾病害实例为研究对象，该工点的处治具以下两个特点：（1）此段路基位于一巨型土质滑坡体中部，须综合判断滑坡对待处治路基病害的影响；（2）场地内基覆界面埋藏较深（平均厚度约 17 m），无法为常规加固措施（如锚索、抗滑桩）提供有效且经济的锚固介质。详细讨论了抢险处治的设计流程，所得成果可为同类病害加固的设计与施工提供类比的技术资料及参考。

2.1 工程概况

高速公路于 2008 年年底通车，采用山重区设计标准，于 KX + 122 ～ + 288 段以"低填浅挖"路基通过。左路肩处为填方，填高 4 ～ 8.5 m，设置衡重式路肩墙支挡(图 2-1)，墙高 4.5 ～ 10 m，埋入现地面以下大于 2 m（不足 2 m 段落采用了 C15 片石砼换填基础）。

工点所在场地属于低中山区斜坡构造剥蚀地貌，斜坡整体地形 5°～ 25°，坡面冲沟发育密度大，延伸至路基外斜坡坡脚的必鲊沟内。测区见少量鱼塘分布，均为干塘。KX + 122 ～ + 288 段高速公路顺斜坡走向（约 92°）填筑。路基附近斜坡原始地形较平缓，平均坡度约 14°，坡表微型冲沟发育，多为梯级农田和果园，上覆主要为坡洪积黏土夹碎块石。该区属亚热带干燥型河谷气候，燥热少风，年平均降雨量 700~900 mm，降水主要集中在 6—9 月。

图 2-1　病害段路肩墙立面（2014-11-25）

2.2　病害特征

课题组于 2014 年 11 月 25 日第一次现场调查，整体来看，KX＋122～＋288 段路基病害的表现形式主要为左侧路肩墙外倾、伸缩缝错开及路面开裂等现象，具体情况为：KX＋238～＋288 段左幅路肩墙顶内边缘与墙背填方之间沿道路纵向发育有贯通性裂缝[图 2-2（a）]，其张开宽度一般 2~7 cm，可见挡墙已有明显的外倾位移，建议需按抢险工程马上处治；另外，KX＋122～＋238 段左幅路肩墙顶内边缘与墙背填方交界处缝隙沿线路纵向设有混凝土抹面封闭[图 2-2（b）]，可见挡墙与墙背填筑体之间于道路前期运营阶段曾发生过相对位移，但此次现场调查时混凝土抹面基本完好、无贯通性破损现象，即近期并无明显的相对变形迹象，考虑到该段与 KX＋238～＋288 段外界条件基本一致，在雨季强降水、地震等诱因作用下有较大可能产生病害，建议对该段一并处治。

（a）KX＋238～＋288 段

（b）KX＋122～＋238 段

图 2-2　路肩墙与墙背填方之间沿道路纵向裂缝病害（2014-11-25）

2.3　病害原因分析

2.3.1　三家村滑坡的影响

（1）三家村滑坡概况

如图 2-3 所示，高速公路 K（X-1）＋675～KX＋472.6 段位于三家村滑坡体中部，该滑坡主滑方向与高速公路近于正交（约 162°），沿路基横断面方向最长延伸约 533 m，面积约 41.7×10⁴ m²。据前期地勘资料揭示，滑面（基覆界面）埋深 7.2～25.7 m，平均厚度约 17 m。滑坡方量约 708.9×10⁴ m³，属推移-牵引复合式巨型土质滑坡。

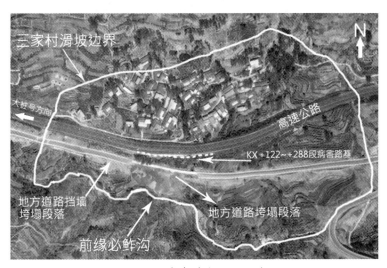

图 2-3　病害路段平面示意

据前期地勘资料，滑坡Ⅰ区后缘机耕道、坟场及农田常年变形，滑坡Ⅱ区后缘民房裂缝（图 2-4）每年亦有一定张开（经过多年累积后才较为明显），滑体中部高速公路运营以来路面陆续产生开裂，涵洞逐渐错开等，皆为局部缓慢变形，暂未见整体滑移迹象。另据课题组 2014 年年末两次现场调查，高速公路右侧民房、滑坡后缘零星分布的干砌结构普遍较稳定。

导致该滑坡数十年来一直处于蠕滑变形的主要原因有地震、暴雨及村民放水灌溉等。但由于斜坡较为平缓（总体坡度约 10°），且其前缘滑舌已抵拢必鲊沟对岸基岩逆向边坡，滑动条件受限，滑体产生突然快速崩滑的可能性不大，但在干湿环境交替作用下，滑体会长期向下产生缓慢蠕滑变形。可以认为，该段高速公路因滑坡产生突然滑塌断道的可能性不大，但受滑体长期变形影响，路面将会不断产生裂缝，路基结构物亦将变形，且会长期发展，对高速公路长期运营构成威胁。

（a）

（b）

图 2-4　三家村滑坡后缘民房裂缝（据前期地勘资料）

（2）处治建议

对于三家村滑坡整体稳定性的控制，初拟采用止滑段回填反压＋滑动段清方减载的综合措施。即：对前缘必鲊沟堆载反压，增强其前部止滑段的抗滑能力；对滑坡中后部的滑动段清方减载，以减小滑动段自重，进而起到降低整个滑坡体推力的目的。

需指出的是，上述处治措施与当地政府拟建物流工业园区的施工规划基本一致。鉴于彻底解决工程整体稳定性的处治费用（滑坡范围大，基覆界面深）与实施难度（如：征地）均较高、而该滑坡目前仍处于与以往几十年来基本一致的缓慢蠕滑状态两点原因，可考虑加强与地方政府的协调对接，以确保工业园区的施工方案、步骤、工序等相关内容对高速公路的运营安全有利，争取借助工业园区的建设解决整体稳定性问题。需说明的是，当工业园区建设工期与该滑坡处治措施不协调匹配时，应另行研究对策措施，如：对高速公路路堤范围内的次级滑动做框架梁锚杆预加固。

建议后期（尤其是雨季）加强对滑坡路段的监测、巡视工作，如有特殊情况（如：滑坡的局部监测位移超出预警范围），应及时上报、及时进行加固处治。对于涵洞开裂、路面长大裂缝等自公路运营以来一直反复产生的病害问题，建议视实际的危害程度及时处理，以确保高速公路的安全运营。

2.3.2　左侧线外修建地方道路的影响

KX+122~+288 段左侧路肩墙线外新建地方道路与高速公路近于平行（图 2-3），地方道路宽约 10 m，其中线距高速公路左路肩墙水平距离一般 25~31 m。新建地方道路临空侧横坡较陡，采用抗滑挡墙加固。2014 年 12 月 10 日现场调查发现，由于修筑地方道路于临空侧随意弃方，引起该道路左侧垮塌破坏。2015 年 10 月 12 日设计回访时发现，地方道路外侧垮塌范围进一步扩大，垮塌严重段落基本毁坏了整幅道路（图 2-5），但再向近高速公路侧调查，并无发现明显的变形、破坏迹象。可以认为，地方道路路基病害的牵引作用，对该段高速公路路肩墙的外倾变形有一定的加剧作用。

（a）远景

（b）近景

图 2-5　左侧路肩墙线外地方道路垮塌段落（2015-10-13）

2.3.3　填料原因

该段路基施工时采用就地取材填筑，填料主要为附近开挖的坡洪积松散层，据钻探揭示，其主要由素填土组成，结构极为不均，含有大量黏粒。高速公路建设期间的工程地质详勘亦显示，场地坡洪积黏土具膨胀性，黏土自由膨胀率一般为 30%～50%，膨胀力一般为 62～77 kPa，有失水干裂收缩，遇水膨胀、软化的特征。而施工中未对该类材料作特殊处理，直接填筑路基。雨季降水顺裂缝下渗，黏土遇水膨胀，膨胀力作用于左侧路肩墙背（原设计要求路基填料不得采用膨胀土，故挡墙计算未计入土体膨胀力），导致挡墙向临空侧外倾变形。

2.3.4　地基原因

据前期设计文件，挡墙墙基埋入地面以下大于 2.00 m，已埋入大气急剧影响层以下，其墙底地基岩性主要为角砾，石质成分以石英闪长岩、砂岩为主，其承载力基本容许值为 300 kPa，基本能满足原设计要求。但因场地角砾结构不均，局部多见黏粒富集（具弱膨胀性），雨季中黏土吸水软化、膨胀，承载力有一定程度折减。

2.4　处治方案比选

前期方案设计时考虑了 3 种方案进行比选：

方案一：挡墙墙面布设框架锚杆＋挡墙基础持力层注浆。

方案二：挡墙外侧坡脚回填反压。

方案三：高速公路紧急停靠带增设钢管桩＋挡墙墙面框架锚杆＋挡墙基础持力层压力注浆。

方案一有结构简单、施工方便、施工技术难度较小等优点。但框架锚杆的锚固段皆位于坡洪积黏土中，所能提供的锚固力极为有限，其与"挡墙基础持力层压力注浆"的组合不足以有效治理该段路基病害。

方案二施工方便，且施工时不占用现有运营的高速公路。但据现场调查，墙前既有灌溉水渠，且对挡墙中下部回填反压需新增征地，据了解，当地拆除水渠及征地皆较为困难。另外，单纯对路肩墙外侧进行回填反压处理，亦难有效治理该段病害。

方案三在高速公路紧急停靠带布设 3 排钢管灌注桩无须新增征地，同时其与既有挡墙及墙面斜锚杆一起抵抗土体主动土压力，另外在挡墙基础持力层的压力注浆可一定程度提高基底承载能力。该方案加固措施强度可与病害规模匹配。

在上述方案研究的基础上，并借鉴相邻段落已处治成功的类似工点设计方案（KX＋360～＋472.6 段曾于 2013 年初发生与 KX＋238～＋288 段相似病害，其加固措施为"高速公路紧急停靠带增设三排钢管桩＋挡墙墙面框架锚杆"，处治工程于 2014 年初完工，经过一个雨季的考验，无变形现象，加固效果良好），确定按方案三进行处治。

2.5　路基稳定性分析

以图 2-6 中所示挡墙截面进行计算。

2.5.1　计算参数的确定

（1）该区地震基本烈度值Ⅶ度，地震峰值加速度 0.1g，地震综合作用系数 0.25。

（2）填筑土重度 20.5 kN/m³，地基土重度 20.1 kN/m³。填筑土综合内摩擦角天然工况取 35°，暴雨工况 30°。

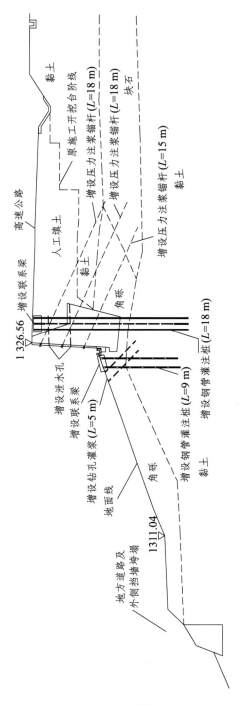

图 2-6 路肩墙外倾变形处治横断面图（KX＋249 处）

2.5.2 土体膨胀附加力计算

场地膨胀力为 70 kPa，路基填料高度为 9 m，膨胀力按三角形分布，则支挡物承担的总膨胀力 $P_e = 9 \times 70 \times 0.5 = 315$（kN/m）。

2.5.3 加固防护设计计算

设计拟于挡墙背增设钢管桩形成复合加固结构，其计算推力为主动土压力，暴雨工况下计入膨胀力，其中暴雨、地震工况安全系数分为 1.15、1.1。算得暴雨工况下地基土层水平推力为 248.1 kN/m，故其设计值为 $1.15 \times (248.1 + 315) = 647.6$（kN/m）；地震工况下地基土层水平推力为 207 kN，故其设计值为 $1.1 \times 207 = 227.7$（kN/m）。设计时按最不利工况考虑。

2.6 具体处治措施

（1）钢管灌注桩加固：KX + 122 ～ + 288 段左路肩设 3 排钢管灌注桩以加固既有衡重式挡墙，横向间距 0.7 m，纵向间距 2.0 m，梅花形布设，桩长 18 m。其中：KX + 122 ～ + 238 段采用 Φ168 钻孔，Φ127 × 6 mm 热轧无缝钢管；KX + 238 ～ + 288 段为抢险工程，采用 Φ180 钻孔，Φ140 × 6 mm 热轧无缝钢管。桩顶以联系梁连接，截面为 1.9 m × 1.0 m，梁顶面埋入路面以下 0.2 m。

（2）框架锚杆加固挡墙：路肩墙墙面布设 1 ～ 4 排压力注浆锚杆，锚杆水平、竖向间距分别为 3.0 m、2.5 m，顶部 2 排锚杆长 18 m，3、4 排锚杆长 15 m，下倾角度 25°，锚杆采用 Φ32 普通 HRB400 螺纹钢筋，每根锚杆施加预应力 20 kN，并设置钢筋砼框架格梁。

（3）挡墙基础持力层压力注浆加固：对于 KX + 238 ～ + 288 整段、KX + 122 ～ + 238 段挡墙较高（露出地面高大于 5 m）段落，在左路肩墙外侧布设 2 排钻孔压力注浆。第一排钻孔距挡墙外侧约 3.0 ～ 4.0 m 处开始布设，钻孔水平间距 1.5 m，竖向间距 1.0 m，孔深 5 m，下倾角度 45°。

（4）恢复路面、防撞护栏等设施，并检查、疏通既有挡墙泄水孔。

图 2-7　KX＋238～＋288 段联系梁内侧沿道路纵向发育有贯通性裂缝
（摄于 2015-10-7）

KX＋238～＋288 段为抢险工程，其主要加固措施于 2015 年年初完工。当年 8、9 月份的多次强降雨造成该段联系梁内侧于 10 月初沿道路纵向发育贯通性裂缝（图 2-7），据业主记录，裂缝最大宽度达 3 cm，处于应急需要，随即将其封闭。课题组于 10 月 12、13 日对现场回访调查，增加如下措施：

（1）对于挡墙较高的段落（KX＋245～＋265），紧邻挡墙墙趾外侧位置增设 2 排钢管灌注桩，钢管桩长 9 m，水平间距 1.0 m，纵向间距 1.5 m，梅花形布设。采用 Φ140×6 mm 热轧无缝钢管，桩顶设与坡面平行的斜联系梁。

（2）KX＋122～＋288 段，对既有挡墙立面增设 φ50 泄水孔，泄水孔应打穿钢管桩加固范围。孔间距 2.5 m×2.5 m，梅花形布设。

2.7　结　论

以攀西地区某高速公路一处高路肩墙外倾病害为研究实例，详细讨论了该工点抢险处治的设计流程，得到以下几点认识：

（1）整体来看，KX＋122～＋288 段路基病害受三家村滑坡缓慢蠕滑变形的影响；路肩墙外倾的直接诱因为墙背填料及地基土层富含具膨胀性黏土；同时，外侧地方道路垮塌的牵引对病害发展亦有一定加剧作用。建议应视路基病害实际危害程度及时处治，以确保生命线工程的运营安全。

（2）根据现场病害调查，区分 KX+238～+288、KX+122～+238 段分别为"抢险"及"预加固"段落。协同方案比选、工程类比及计算校核结果，确定"紧急停靠带增设 3 排钢管桩＋墙面框架锚杆＋基础持力层压力注浆"为挡墙外倾的主体加固措施。此外，针对挡墙较高段落，紧邻墙趾外侧增设"钢管群桩＋斜联系梁"措施以隔断地方道路路基垮塌的牵引影响。并对既有挡墙立面增设泄水孔以有效疏通墙背排水通道。

（3）本工点病害处治于 2016 年年初整体完工。施工期间的监测数据、现场调查以及完工后的设计回访均说明，该段病害的加固设计是及时、适当的。

3 川东某高速公路运营期路堑滑坡病害处治设计实例

3.0 引 言

以川东某高速公路一处"反复发作，久治不愈，并最终发展为滑坡"的路堑变形体为研究对象，详细讨论了病害处治的设计过程，所得成果可为同类工点的设计与施工提供类比的技术资料及参考。

3.1 工程概况

川东某高速公路于 2012 年年初通车。KX + 500 ～ + 640 段采用"左侧挖方路堑"形式通过，边坡开挖坡率约 1 : 1.6（一坡到顶），最大坡高约 20 m，坡面采用 4 m × 3 m 框架梁锚杆加固（Φ28，长 12 m），坡脚设重力式抗滑挡墙（高 5 ～ 6 m）。开挖后边坡上覆平均厚约 8 m、最大厚 11.4 m 的粉质黏土，下伏基岩为砂岩、泥岩。

据了解，该工点于建设期就曾因水患引起的稳定问题进行过至少两次设计变更；公路运营后，于 2012 年 5 月、10 月分别发生局部小范围的浅层溜滑，养护部门随即对受损坡面、框架梁修复至原状；2013 年 8 月雨季期间 KX + 520 ～ + 560 段路堑再次发生浅层垮塌。

2014 年 3 月现场调查时发现，病害段坡面原有框架锚杆加固措施基本被破坏，垮塌物堆积在坡面及挡墙平台（图 3-1），堑顶截水沟外发现有不连续的局部裂缝，但坡脚既有挡墙无外倾、变形及开裂的迹象。判断斜坡总体上处于基本稳定状态，主要病害为 KX + 520 ～ + 560 段坡面浅层垮塌与斜坡排水系统工作不良。拟订处治方案如下：① 加固措施：KX + 520 ～ + 560 段，清理坡面并增设 4 m × 3 m 框架梁压力注浆锚杆加固（Φ32，长 18 m）；② 完善排水系统：既有挡墙增加泄水孔、堑顶截水沟修复贯通、增设墙顶平台处纵向排水沟、坡面汇水较严重位置（KX＋540附近）设一道急流槽、KX＋500～＋640段坡面增设两排仰斜排水孔（纵向间距6 m，长15 m，梅花形布设）、改既有挡墙外侧蝶形边沟为明沟。

（a）远景　　　　　　　　　　（b）近景

图 3-1　前期路堑边坡浅层垮塌情况（2014-3-12）

2014年9月上述处治措施施工过程中，当地多次出现强降雨，且当年9月13日暴雨更是达到50年一遇级别，使得坡顶截水沟以上较大范围粉质黏土层由于排水不良处于过饱和状态，土体容重提高、强度减弱，再加上 KX＋520～＋560 段坡面施工清方已无前缘约束措施，造成坡脚挡墙以上坡体沿垂直公路方向发生浅层滑动（图3-2～3-4）。

2014年10月21日现场调查当天，滑坡范围内不均匀分布有多处裂缝，最大宽约数公分，形成错台高差最大可达数10 cm。坡面多处区域土层含水量丰富，人踩于上最深可陷入约 20 cm。此外，增设的Φ32锚杆已完成施工，但由于当地老乡阻工，框架梁仍未动工（据现场反馈，至2015年1月初，框架梁施工完成）。

3.2　滑坡规模及特征（主要依据2014年12月补充地质勘察）

3.2.1　滑坡规模

滑坡总体呈扇形分布，高程338～382 m，主滑方向约299°，轴向长约 80 m，前缘宽约 45 m，滑坡面积约 3 595 m²。据钻孔揭露，滑坡体主要物质组成为粉质黏土，最大厚度 9.7 m，平均厚约 6.1 m。滑坡体厚度小于 10 m、体积小于 3×10^4 m³，属小型浅层滑坡（图 3-2、3-3）。

图 3-2　路堑滑坡病害全貌（2014-12）

（a）坡面裂缝（2014-10-21）　　　　　（b）坡脚急流槽鼓胀（2014-11-12）

图 3-3　路堑滑坡病害局部特征

3.2.2 滑体特征

滑坡坡面下部坡度较大（约 32°），上部较平缓，整体坡度约 23°。滑体由第四系全新统残坡积粉质黏土组成，钻孔揭露厚度 3.3 ～ 9.7 m。粉质黏土为黄色至黄褐色，多为可塑状，黏粒含量较高，手感黏滑，可搓成 5 cm 的条状，碎、块石零星出露；局部较深层为硬塑状，含钙质结核，可见未完全风化的泥岩质碎、块石；另外，表层约 20 cm 为耕植土，含植物根系，孔隙较大。

3.2.3 滑带（面）、滑床特征

钻孔揭示滑动带位于上述粉质黏土层中，滑动带范围内部分钻孔取芯断面有明显摩擦痕迹，断面处粉质黏土呈软塑状，并含块径 0.5 ～ 2 cm 的泥岩（图 3-4）。滑带土厚度一般为 0.3 ～ 0.4 m（其中，ZK1 钻孔揭露深度为 3 ～ 3.4 m，ZK3 揭露深度 9.4 ～ 9.7 m，ZK4 揭露深度 7.4 ～ 7.8 m）。

滑床面坡度前缘较缓（一般 5° ～ 8°），中上部较陡（一般 28° ～ 38°）。

图 3-4　滑带土取芯照片（2014-12）

3.2.4　滑坡变形破坏特征

坡面发育多条较深的弧形裂缝（图 3-5）：① 滑坡后壁与原地面高差约 50 cm，滑动擦痕明显；② 左壁裂缝呈折线状分布，最大宽约 20 cm，与滑坡左侧落差约 30 cm；③ 右壁由右侧土沟向下延伸，裂缝上部擦痕明显，可见向下滑动约 30 cm；④ 坡面另分布有 6 条（L1～L6）较典型裂缝[图 3-3（a）]，如：L2 位于滑坡体中部右侧、长约 10 m，为不均匀滑动产生拉裂缝，裂缝两侧落差约 25 cm。此外，前缘剪出口造成路堑坡面中下部新建砖砌急流槽鼓胀破坏[图 3-3（b）]。

另据地勘资料，滑坡体上部、中上部坡面可见 3 处泉眼（勘察期为枯水季节，泉水流量较小），泉水可由附近裂缝渗入滑坡体内。

综上所述，该段路堑已发生滑移破坏。

3.3　病害原因分析

3.3.1　既有排水措施与实际病害不匹配

由对岸观察（图 3-2），该滑坡位于某中河以上山体的中下部且横坡缓于其上坡体，此位置不仅表水冲刷严重，亦为上部坡体内地下水汇聚集中区。路堑既有排水设施不足，未能形成与该段病害相匹配的立体排水系统，且个别段落排、截水沟为土质、无任何防渗措施。分析认为，该条是造成路堑边坡反复病害的主要因素。

3.3.2　人类工程活动

当地村民在滑坡范围内（原红线外）开垦农地破坏表层植被、灌溉农作物以及对原有截（排）水沟的破坏和改线，均对坡体稳定造成不利影响。此外，2014 年下半年对路堑浅层病害处治施工时，由于村民阻工，造成框架梁施工延误数月，未能与已打入坡内锚杆形成复合加固系统以有效约束坡面位移，加之此阶段当地多次强降雨，最终造成路堑变形体恶化为滑坡病害。

3.3.3　地形及地层结构

场地整体属构造剥蚀侵蚀低山地貌，路堑通过区域为原山体较凸出部位，开挖破坏了既有稳定状态。此外，该段路堑地层具明显二元结构特征，下伏基岩产状 325°∠28°，其倾向与滑坡滑动方向相差 26°，且倾角较陡，加之上覆堆积体主要呈松散、稍密状态，斜坡易沿基覆界面或堆积层内某一较弱层面滑动。

3.4　前期方案设计

前期设计中共考虑了如下 3 种方案进行比选。

方案一：紧邻既有锚杆框架梁布设 3 排钢管桩 + 截排水措施 + 黏土夯填裂缝。该方案有结构简单、工期短、施工技术难度较小等优点。但钢管桩以上坡体仍有越顶可能；同时，钢管桩能够提供的抗滑能力有限，不足以有效治理该段滑坡病害。

方案二：抗滑桩 + 截排水措施 + 黏土夯填裂缝。该方案加固强度能够与病害规模匹配。但抗滑桩需人工开挖基坑，施工周期较长且风险较大；此外，抗滑桩以上坡体亦有越顶可能。

方案三：紧邻既有锚杆框架梁上部区域布设锚索框架梁 + 截排水措施 + 黏土夯填裂缝。该方案治理效果较好，施工难度适中。不足之处是需新增征地约 1.4 亩（1 亩 ≈ 666.67 m^2）。

在上述方案研究的基础上，综合考虑病害规模、现场可操作性、社会影响及处治费用等因素进行比选，最终确定按方案三（图 3-5 ~ 3-7）处治。

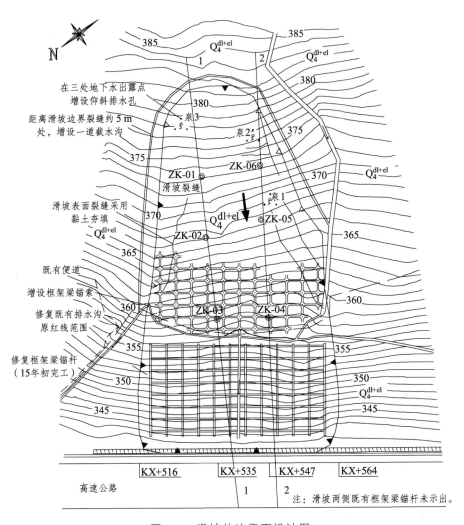

图 3-5　滑坡处治平面设计图

N

385　　Q₄^{dl+el}　　385

Q₄^{dl+el}

在三处地下水出露点
增设仰斜排水孔

距离滑坡边界裂缝约5 m
处，增设一道截水沟

380

泉3

泉2

380

375

ZK-06

370

ZK-01
滑坡裂缝

滑坡表面裂缝采用
黏土夯填

Q₄^{dl+el}

370

ZK-02

Q₄^{dl+el}

泉1

ZK-05

Q₄^{dl+el}

365

既有便道

增设框架梁锚索

修复既有排水沟

原红线范围

360

ZK-03　ZK-04

360

修复框架梁锚杆
（15年初完工）

355

350

345

ZK-03　ZK-04

355

350

Q₄^{dl+el}

345

KX+516　KX+535　KX+547　KX+564

高速公路　　1　　2　　注：滑坡两侧既有框架梁锚杆未示出。

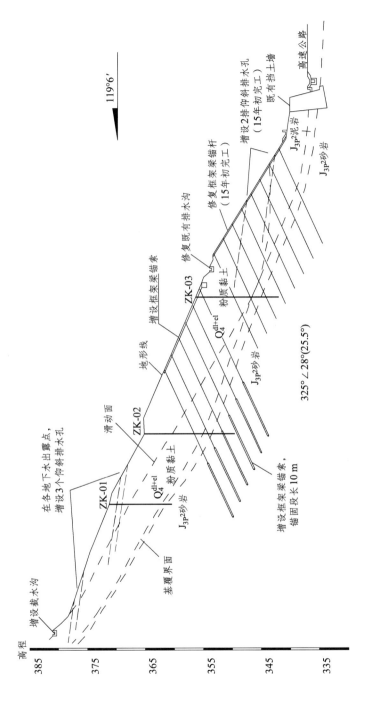

图 3-6 1—1 断面滑坡处治设计图

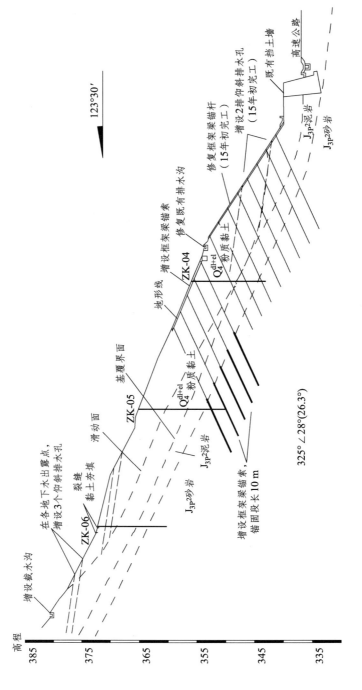

图 3-7 2—2 断面滑坡处治设计图

3.5 滑坡稳定性计算与加固工程设计

基于以上分析，该段路堑已形成浅层滑坡，判定天然工况下浅层滑面处于滑动状态。

3.5.1 滑坡稳定性计算

（1）计算参数的确定

① 计算工况的选取

根据相关规范规定，分别按天然、暴雨工况（地震基本烈度为 VI 度，地震动峰值加速度 0.05g，故不考虑地震工况）对工点进行稳定性计算。

② 滑体、滑面参数的选取

A. 滑体参数选取：滑体（粉质黏土）天然重度为 19.3 kN/m³，饱和重度 19.8 kN/m³。

B. 滑面参数选取：分别选取主滑断面 1—1 和次滑断面 2—2 进行反演，每个断面又各选取深层潜在滑面（基覆界面）与浅层滑面（已形成滑面）校核。参数反算中，对于深、浅层滑面，天然工况下安全系数分别取 $K = 1.02$、0.99，计算结果见表 3-1。

表 3-1　滑带参数反算结果

滑　面	设计工况	稳定系数	抗剪强度参数	
			C 值/kPa	内摩擦角 ϕ/（°）
1—1 深层滑面	天然工况	1.02	19.7	16
	暴雨工况		18.7	15.2
1—1 浅层滑面	天然工况	0.99	16	13.6
	暴雨工况		15.2	12.9
2—2 深层滑面	天然工况	1.02	17.4	14.9
	暴雨工况		16.5	14.2
2—2 浅层滑面	天然工况	0.99	13.4	14.1
	暴雨工况		12.7	13.4

注：暴雨工况下滑面参数系结合现场调查及经验，对天然工况参数进行适当折减给出。

（2）加固位置处设计推力计算

设计拟于该段滑坡既有框架梁锚杆上部区域布设框架梁锚索。根据相关规范，针对 1-1、2-2 两个代表性断面，进行滑坡推力计算，所得结果详见表 3-2。

表 3-2　滑坡推力计算结果

滑面	设计工况	安全系数	下滑力角度/（°）	剪出口剩余下滑力/（kN/m）	加固位置处剩余下滑力/（kN/m）	极限平衡状态加固位置处可提供抗滑力/（kN/m）	设计加固位置处剩余下滑力/（kN/m）
1—1深层滑面	天然工况	1.2	24	846.4	1 443.5	598.3	845.2
	暴雨工况	1.15	24	931.5	1 498.1	577.4	920.7
1—1浅层滑面	天然工况	1.2	26	470.1	1 215.5	700.5	515.0
	暴雨工况	1.15	26	513.9	1 231.7	652.5	579.2
2—2深层滑面	天然工况	1.2	27	701.5	1 059.2	384.4	674.8
	暴雨工况	1.15	27	764.0	1 098.6	368.7	729.9
2—2浅层滑面	天然工况	1.2	29	438.1	850.8	410.7	440.1
	暴雨工况	1.15	29	483.4	878.2	393.9	484.3

注：设计加固位置处剩余下滑力为加固位置处剩余下滑力减去极限平衡状态加固位置处可提供抗滑力。

3.5.2　加固工程设计

由以上分析，1—1、2—2 剖面最不利工况均为深层滑面的暴雨工况，其"设计加固位置处剩余下滑力"分别为 920.7 kN/m、729.9 kN/m。

设计拟采用 4 m×3 m 框架梁锚索加固，锚索钢绞线公称直径 Φ15.2 mm、强度标准值 1 860 MPa、截面积 139 mm^2、单根钢绞线极限张拉荷载 P_u 为 259 kN。

根据坡面形态，设计锚索倾角为 $\beta = 25°$。

参考相关技术资料，锚索工程设计结果见表 3-3。

表 3-3　锚索工程设计结果

断面	设计下倾角 / (°)	设计排数	每孔钢绞线根数	自由段长度 /m	锚固段长度 /m	总长度 /m
1—1 剖面	25	6	6	16	10	27.5
2—2 剖面	25	5	6	12	10	23.5

3.6　具体处治措施

（1）框架梁锚索加固：KX＋516～＋560 段紧邻既有框架梁锚杆上部区域增设 4 m×3 m 框架梁锚索（具体布置见图 3-5～3-7），框架梁内挂网植草防护。

（2）增设截水沟：距滑坡边界裂缝以外约 5 m 处增设一道环形截水沟，并接入既有表面排水系统。

（3）黏土夯填表面裂缝。

（4）修复、疏通既有表面排水沟，使其形成空间排水系统。

（5）于滑坡体 3 处地下水出露点各布设 3 根仰斜排水孔，孔深 15 m，仰角 8°。

3.7　结　论

以川东地区某高速公路一处"反复发作，久治不愈，并最终发展为滑坡"的路堑病害为研究实例，详细讨论了该工点处治的设计流程，得到以下几点认识：

（1）整体来看，KX＋520～＋560 段路堑滑坡位于表水冲刷与上部坡体地下水的汇聚集中区，"既有排水措施与实际病害不匹配"是工点病害反复发作的主要原因。2014 年对再次发生的浅层病害处治过程中，村民阻工造成框架梁施工延误数月、期间当地多次强降雨，使路堑变形体最终恶化为滑坡病害。此外，该段路堑地层具明显二元结构特征，堆积体、基岩的空间分布与高速公路开挖通过方向的耦合作用，对斜坡稳定亦有一定的影响。

（2）协同现场调查、方案比选及计算校核结果，确定紧邻既有锚杆框架梁上部区域布设"锚索框架梁"为滑坡病害的主体加固措施。同时，针对空间排水系统的构建，提出如下措施：① 滑坡边界以外增设环形截水沟；② 既有挡墙增加泄水孔；③ 墙顶平台处增设纵向排水沟；④ 挡墙外侧蝶形边沟改为明沟；⑤ 路堑坡面汇水严重位置设一道急流槽；⑥ 路堑坡面增设两排仰斜排水孔；⑦ 滑坡体 3 处地下水出露点设仰斜排水孔；⑧ 修复、疏通既有表面排水沟，贯通为空间排水网络。

（3）本工点病害处治于 2015 年雨季前完工。施工期间的监测数据、现场调查以及完工后的设计回访均说明，该段病害的加固设计是适当的。

4 乐山境内某高速公路高填路堤变形体抢险 处治设计实例

4.1 工程概况

该工点位于乐山境内某高速公路 KX + 540 ~ + 610 段，该段既有路基以横向挖填交界的形式通过。其中左侧为高填路堤，下伏泥岩，填方高度 20 ~ 24 m，分三级边坡填筑，每级限高 8 m，由上至下坡率分为 1 : 1.5、1 : 1.75、1 : 2.0，坡面采用拱形骨架 + 植草防护，一、二边坡设 8 m 宽反压平台。

4.2 路堤病害特征及原因分析

4.2.1 路堤病害特征

自 2010 年年底通车，该段路面曾多次出现不均匀沉降、裂缝等形式病害，养护部门随即采用灌缝等措施修复。2015 年 6 月下旬，再次出现路面裂缝，并于 2 周时间内有加剧恶化的趋势。

2015 年 7 月初现场调查发现，该段落左幅路面于 KX + 570 ~ + 610 沿纵向分布有一条主裂缝，与路线走向大致 60°斜交，缝宽 1 ~ 2 cm，错台 0.5 ~ 1.5 cm，主裂缝附近局部段落有鼓胀现象；右幅路面于 KX + 540 ~ + 584 沿纵向分布另一主裂缝，其位于挖填交界附近，与路线走向大致平行，缝宽 1 ~ 3 cm，错台 3 ~ 5 cm，主裂缝附近局部段落亦有鼓胀现象；病害范围内路面伴有次生裂缝。此外，既有拱形骨架护坡破坏严重。如图 4-1 ~ 4-6 所示。

图 4-1　左幅路面裂缝

图 4-2　右幅路面主裂缝

图 4-3　右幅路面局部鼓胀现象

图 4-4　左幅路面局部鼓胀现象

图 4-5　右幅路面裂缝（细部）

图 4-6　左幅路面错台

4.2.2 病害原因分析

（1）降雨影响。雨季强降雨过程中，因右侧蝶形边沟排水能力较差，加上边沟受损出现裂缝，导致雨水下渗进入路堤坡体。此外，下伏泥岩渗透性较差导致水无法及时排出；坡面排水系统损坏，雨水无法及时排除而下渗进入坡体；此次雨季路堤变形导致路面开裂，雨水沿裂隙进入坡体内部。

（2）既有高填路堤工后沉降。此工点属于高填路堤，怀疑在建期施工填筑后的预压时间不足，导致运营后路堤较易产生工后沉降。此外，基覆界面本身坡度较陡，填方路堤易沿界面产生一定变形。

4.3 变形体稳定性计算分析

4.3.1 计算参数的确定

根据现场调查，左侧填方坡面并无发现剪出口及鼓胀现象，既有填方横坡坡率、反压护道严格按照原设计施工到位，则整体稳定计算取路堤最上一级边坡作为变形体对待，潜在滑面如图 4-8 所示。滑体天然、饱和重度分为 20、21 kN/m³。滑面参数采用反演方式获得，假设天然工况下 $K = 1.00$，算得滑面 $C = 5$ kPa、$\phi = 10.7°$，暴雨工况滑面参数取天然工况的 0.9 倍。

4.3.2 剩余下滑推力计算

根据相关规范，天然、暴雨工况所要求安全系数分别取 1.3、1.2。另外，路面行车荷载取 50 kPa，按公路双向均匀布置。针对主滑断面（见图 4-8）进行滑坡推力计算，得出各工况剩余下滑力，计算结果见表 4-1。

表 4-1 主滑断面剩余下滑力计算结果

设计工况	安全系数	剪出口剩余下滑力 /（kN/m）	路肩处剩余下滑力 /（kN/m）
天然工况	1.30	270.8	441.1
暴雨工况	1.20	296.5	451.8

在所要求安全系数下，最不利工况剪出口剩余下滑力为 296.5 kN/m，路肩处剩余下滑力 451.8 kN/m，安全储备不足，需对路堤相应部位进行加固。

4.4 具体处治措施

对于主体加固措施，方案设计（表 4-2）时考虑了：

方案 1：左幅路堤最上一级坡面设 3 排锚索框架 + 路面浅层注浆。

方案 2：左幅公路应急车道设 3 排钢管桩 + 路面浅层注浆。

方案 3：路面范围内钢花管注浆加固。

根据现场实际情况，最终选用方案 2。另外，对相关的排水设施进行修复、补充（图 4-7、4-8）。

表 4-2 路基病害处治方案比选

	优点	缺点
方案 1	锚索框架施工不占道，理论计算原理成熟	施工周期较长
方案 2	钢管桩施工占左幅公路半幅车道，施工周期短，施工较简单；理论计算可参考类似工点的现场试验结果	费用较高
方案 3	施工较简单，费用较低	施工周期长，施工需占一幅车道；理论计算原理不成熟、依据少；加固效果较差
比选	抢险工程主要受限于时间因素，综合比选后确定方案 2	

（1）钢管灌注桩。KX + 540 ~ + 610 段左幅应急车道设 3 排钢管灌注桩，排距 1.0 m，纵向间距 1.5 m，梅花形布置。采用 Φ180 钻孔，钢管为 Φ140×6 mm 热轧无缝钢管。桩顶采用钢筋砼联系梁连接，联系梁截面 2.4 m×0.8 m，其埋入路面以下 0.16 m。

（2）路面浅层注浆。将 KX + 540 ~ + 610 段双幅道路均作为加固范围，灌浆孔按正三角形布置，孔距 1.5 m，孔径 91 mm，钻孔最大深度 5 m，竖直向下。灌浆材料采用水、水泥、粉煤灰按一定配合比配制而成。

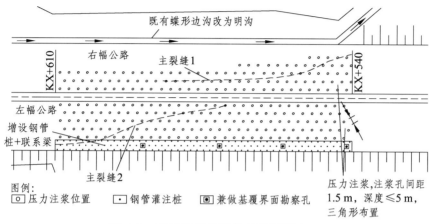

图 4-7　高填路堤变形体处治平面布置

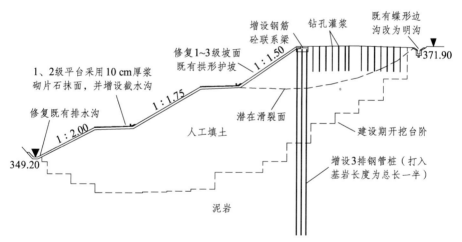

图 4-8　高填路堤变形体处治典型横断面

5 巴中境内某高速公路弃土场抗滑挡墙开裂抢险处治设计实例

5.1 工程背景

巴中境内某高速公路新建工程 KY + 200 右侧弃土场位于 KY + 200 右侧 ZJ 湾的沟心处斜坡上，由下至上形成 9 级台阶式填方边坡，高差一般为 60～70 m，下方有民房和高速公路，最终容量约 20×10^4 m³（图 5-1、图 5-2）。KY + 200、KY + 350 设有涵位，涵洞出口端有引水渠（2015 年 4 月 29 日课题组现场调查时正在施工）。弃土场于 2014 年 11 月建成，沟口处已设两道挡墙，内侧一道挡墙已被弃土覆盖，外侧一道挡墙，长约 33.8 m，挡墙最高处 9.8 m，墙底设有凸榫，墙顶宽 2.5 m，面坡 1：0.3，背坡 1：0.1。弃土场的右侧已设一道护脚墙，长 155 m，顶宽 1.8 m，墙高 3 m。该弃土场基岩为中厚—厚层状砂岩，层面近水平，倾向 215°，倾角 8°；一组陡倾坡外节理面，倾向 136°，倾角 83°，坡脚挡墙临空面倾向 140°。

5.2 病害特征及原因分析

5.2.1 病害特征

2015 年 4 月底现场调查发现，沟口处挡墙沿竖向分布有两条表面裂缝，缝宽分别为 5～10 mm、2～5 mm，挡墙无外倾、滑移迹象（图 5-3）。由于弃土场下方紧邻民房及公路，在雨季强降雨作用下有较大的产生病害的可能，需按抢险工程立即处治。

图 5-1　KY＋200 右侧台阶式
斜坡弃土场

图 5-2　KY＋200 右侧弃土场沟口处
外侧挡墙墙顶

图 5-3　KY＋200 右侧弃土场外侧挡墙竖向裂缝

5.2.2　病害原因分析

（1）抗滑挡墙无常规排水措施，仅于下部零星设有泄水孔。

（2）挡墙既有设计中，取主动土压力为外力，未考虑斜坡推力的最不利工况。

（3）弃土场坡体为土质，坡面未加任何防渗、排水措施，雨季强降雨使大量地表水渗入坡体。

5.3 计算分析

5.3.1 计算参数的确定

（1）滑体参数的选取：通过工程地质类比，取滑体的天然重度平均值约为 19 kN/m³，饱和重度 19.5 kN/m³。图 5-4 为潜在滑动面计算模型。

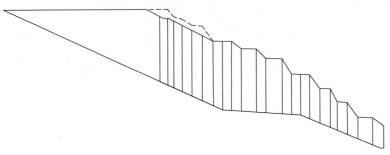

图 5-4 Ⅰ—Ⅰ剖面中潜在滑动面计算模型

（2）滑面参数的选取：选取沟口处主滑断面（Ⅰ—Ⅰ）进行反演（注：Ⅰ—Ⅰ断面系根据实测横断面、既有地形图、新增 3 孔钻探资料的地层分界线编制的）。参数反算中，天然工况下稳定系数取 $K = 1.00$，计算结果见表 5-1。其中暴雨工况下相关材料参数结合现场调查及经验，对天然工况下参数进行适当折减而给出。

表 5-1 滑带参数反算及变形体稳定性计算

滑 面	设计工况	稳定系数	抗剪强度参数	
			C 值/kPa	内摩擦角 ϕ /（°）
沟心处断面（Ⅰ—Ⅰ）	天然工况	1.00	5	21.13
	暴雨工况		4.5	19.02

5.3.2 剩余下滑推力计算

取天然、暴雨工况对应的安全系数分为 1.2、1.15。得出最不利（暴雨）工况下剪出口剩余下滑力水平分量 780 kN/m（表 5-2），由拟增设加固措施与既有(已开裂)抗滑挡墙共同承担(其中,钢管桩承担 500 kN/m,既有锁口挡墙承担 280 kN/m)。

表 5-2　剪出口滑坡推力计算结果

断　　面	设计工况	安全系数	剩余下滑力/（kN/m）
沟心处断面 （Ⅰ—Ⅰ）	天然工况	1.20	592
	暴雨工况	1.15	780

5.4　处治措施

现场客观情况要求该工点必须在 2015 年雨季前处治完成。通过方案比选，确定主要加固措施为 3 排钢管灌注桩＋斜联系梁，并辅以地表排水系统及坡面绿化措施（图 5-5、5-6）。

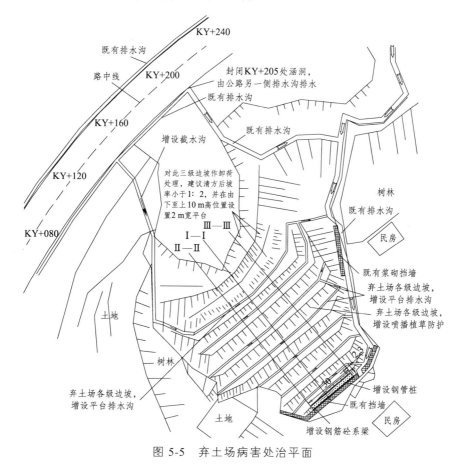

图 5-5　弃土场病害处治平面

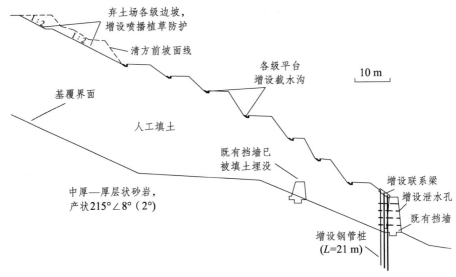

图 5-6　弃土场处治典型横断面

（1）钢管灌注桩。钢管桩设于弃土场坡脚挡墙段内侧，纵向间距 1.0~1.5 m，水平间距 1.0 m，梅花形布设。采用 Φ140×6 mm 热轧无缝钢管，桩长 12~21 m（嵌入基岩深度达桩长 1/2）。桩顶设与坡面平行的斜联系梁。

（2）地表排水系统：斜坡弃土场后缘增设截水沟；封闭公路 KY+200 涵，改由纵向边沟排水；弃土场平台处增设半梯形纵向排水沟；既有挡墙增设泄水孔（要求穿过钢管桩加固范围）。

（3）弃土场顶部以下 3 级边坡作卸荷处理，清方后坡率缓于 1:2，并在 10 m 高位置设 2 m 宽平台。

（4）弃土场各级边坡喷播植草防护。

（5）继续加强既有挡墙和边坡变形监测。

6 攀西地区某高速公路避险车道路基垮塌病害处治设计实例

6.1 工程背景

攀西地区某高速公路 KX + 600 左侧避险车道填方路堤边坡坡度较陡（约 42°），2014 年 8 月中上旬雨季期间的表水强烈冲刷造成沿线路纵向约 35 m 填方较高的一段路堤浅层垮塌（图 6-1）。课题组于 8 月 14 日现场调查时，可见沿纵向至避险车道终点处原外侧混凝土护栏已全部折断破坏，滚落至高速公路应急车道、明沟及填方路堤坡脚（图 6-2）。经现场调查，判定该病害工点为斜坡上填方路堤的浅层垮塌。由于其临近高速公路主线，若不及时处治，将严重威胁行车安全。

6.2 路基结构与病害特征

KX + 600 左侧避险车道为原有斜坡上的填方路堤，其与高速公路主线近似呈 10°斜交。车道以两部分组成，靠公路主线为 6.8 m 宽的制动车道，内侧为 3.5 m 宽的服务车道，其中，制动车道表层为 80 cm 卵砾石，服务车道为混凝土路面。避险车道外缘沿纵向设有混凝土护栏，其顶宽约 25 cm、底宽约 65 cm，高约 3.6 m，护栏外侧临空，内侧嵌入路基深约 2.3 m。护栏外缘填方路堤边坡横坡约 42°，表层浆砌片石附草皮护坡，至公路主线坡脚处以高约 2 m、顶宽约 1.1 m 的仰斜式内挡收坡，其外侧为明沟。避险车道纵坡坡度约 10°，纵坡顶部设有废旧轮胎等组成的防撞墙，防撞墙后约 4 m 设有一处横向布置的重力式挡墙，此处为避险车道终点，其路面标高距公路主线内挡顶平台高差约 15 m。

如前所述，由于避险车道填方路堤边坡坡度较陡（约 42°），2014 年

8 月中上旬雨季期间的表水强烈冲刷造成沿线路纵向约 35 m 长填方较高的一段路堤浅层垮塌，8 月 14 日现场调查时可见沿纵向至避险车道终点处原外侧混凝土护栏已全部折断破坏，滚落至高速公路应急车道、明沟及填方路堤坡脚。垮塌后路堤横坡介于 42°～51°，原避险车道被不同程度地损毁，最严重处造成 2.5 m 宽制动车道垮塌。

现场调查亦可发现，未垮塌段落混凝土护栏基础外侧临空（图 6-3），且无伸缩缝，其下的填方路堤（至坡脚矮挡墙顶部）高度沿线路纵向由 6 m 逐渐减小。初步确定沿避险车道纵向由垮塌段边缘向未破坏段延伸 17.5 m 为混凝土护栏预加固段落。

图 6-1　沿线路纵向约 35 m 长填方较高的一段路堤浅层垮塌

图 6-2　垮塌体以及破坏混凝土护栏堆积于坡脚

图 6-3 未垮塌段落混凝土护栏基础外侧临空

6.3 处治方案比选

方案 1：将现坡面、坡脚处的垮塌堆积物进行清方后，对 35 m 长垮塌段避险车道线路向高速公路主线外侧移线。对现坡面按 1∶1.5 刷方，然后于刷方后坡面之上码砌格宾石笼；对纵向 17.5 m 长既有浆砌片石坡面预加固段，采用Φ25 锚杆加固，锚杆间距为 2 m×2 m（沿坡面），长 6 m，并选用 15 cm 厚片石砼封面。该方案将避险车道线路向内摆，会对避险车辆造成潜在行驶危险，而且横断面显示，山体侧既有空间不允许。如图 6-4 所示。

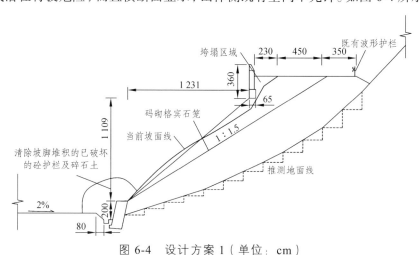

图 6-4 设计方案 1（单位：cm）

方案 2：将现坡面、坡脚处的垮塌堆积物清方后，于坡脚矮挡墙顶部向上约 7 m 标高位置，在原填方中下部设抗滑桩加固，桩长一般 15～17 m，桩截面 1.5 m×1.8 m，桩间距 5 m，共设 8 根，桩间设置挂板，桩顶按 1∶1.5 坡率填方至原避险车道外侧边缘，并采用 C20 片石砼封面；对纵向 17.5 m 长既有浆砌片石坡面预加固段，采用 Φ25 锚杆加固，锚杆间距为 2 m×2 m（沿坡面），长 6 m，并采用 15 cm 厚片石砼封面。该方案抗滑桩施工需要人工挖孔，施工安全存在较大隐患，同时工期较长且造价偏高。如图 6-5 所示。

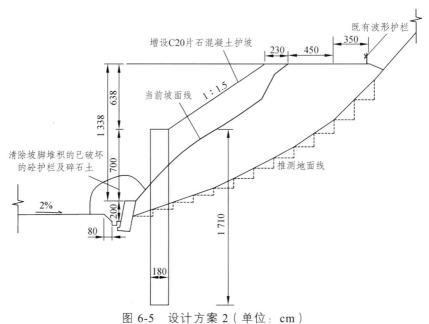

图 6-5　设计方案 2（单位：cm）

方案 3：将现坡面、坡脚处的垮塌堆积物清方后，对 35 m 的垮塌段及 17.5 m 预加固段坡面增设压力注浆锚杆（Φ25 主筋），间距均为 2 m×2 m（沿坡面），待锚杆施工完成后，对垮塌区坡面上部垮塌凹陷路堤采用 C20 片石砼回填至原坡面；其次，对 35 m 垮塌段避险车道路肩处增设 3.4 m 高重力式挡墙，并沿墙身增设两排竖向间距 1.5 m、水平间距 2 m 的 12 m 长 Φ32 压力注浆锚杆，锚杆端嵌入墙体，并在墙顶增设波形梁护栏，挡墙底部设 2.4 m 宽扩大基础，恢复墙后路基填土及路面结构层；最后，对 35 m 垮塌段及 17.5 m 预加固段（共 52.5 m 长）坡面增设 30 cm 厚 C20 片石砼护面墙。相较于悬臂式挡墙，重力式挡墙圬工工程量较大、对基底承载力要求较高，且将自重较大的重力式挡墙建在 10°的纵坡上，其纵向稳定性较差。如图 6-6 所示。

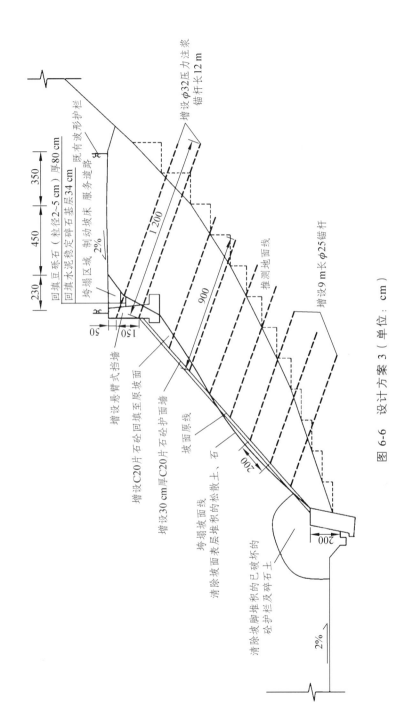

图 6-6 设计方案 3（单位：cm）

方案 4：将现坡面、坡脚处的垮塌堆积物清方后，在纵长 35 m 的垮塌段坡面增设 12 m 长压力注浆锚杆（Φ32 主筋），同时对预加固段坡面增设 6 m 长锚杆（Φ32 主筋），间距均为 3 m×3 m（沿坡面），待锚杆施工完成后，对垮塌区坡面上部垮塌凹陷路堤进行回填；其次，对 35 m 垮塌段避险车道路肩处增设 3 m 高悬臂式挡墙，并在墙顶增设防撞护栏，恢复墙后路基填土及路面结构层；最后，对 35 m 垮塌段及 17.5 m 预加固段（共 52.5 m 长）坡面增设 30 cm 厚 C20 片石砼护面墙。悬臂式挡墙更适用于土质填方路基，对基底的承载力要求较低，且圬工数量小，加上压力注浆锚杆的坡体加固，使得该方案从设计、施工角度来分析均合理、可行。

在综合考虑处治措施合理性、经济性、施工可行性等因素的情况下，课题组确定采用设计方案 4（悬臂式挡墙＋压力注浆锚杆）对路基病害进行处治（图 6-7～6-9）。

6.4 具体处治措施

（1）清除堆积于高速公路应急车道、明沟及避险车道填方坡脚处的垮塌混凝土护栏与松散块、碎石土，恢复原高速公路明沟排水功能，由高速公路左侧矮挡墙顶部平台内边缘开始，顺坡清除边坡表层堆积松散土、石。

（2）在纵向 35 m 长边坡塌方段落，在边坡清理完成后，采用间距为 3 m×3 m（沿坡面）的锚杆对边坡进行加固（锚杆长 12 m，主筋为 Φ32 螺纹钢筋），待塌方段边坡锚杆及回填施工完成后，对其增设 30 cm 厚 C20 片石砼防护坡面，坡面设 Φ50 mmPVC 排水孔，排水孔 2 m×2 m 梅花形布置。此段避险车道靠高速公路主线侧增设悬臂式挡墙，墙高 3.0 m，墙顶高与避险车道路面齐平，底部设 50 cm 厚垫层，并设一层土工格栅，墙顶增设防撞护栏。挡墙墙身布置两排 Φ50 mmPVC 排水孔，排水孔横向距离 2 m，纵向距离 1.0 m，梅花形布设。墙后底板以上填筑砂砾石，其余部分按原路堤填土要求，恢复制动车道功能。

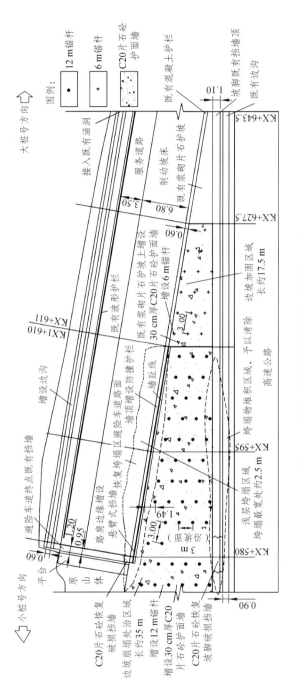

图 6-7　病害处治平面设计图（单位：m）

· 193 ·

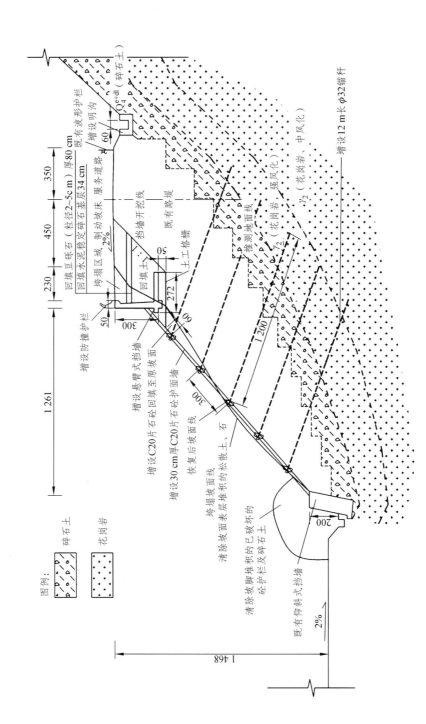

图 6-8　路基垮塌段病害处治典型横断面（单位：cm）

图例：

碎石土

花岗岩

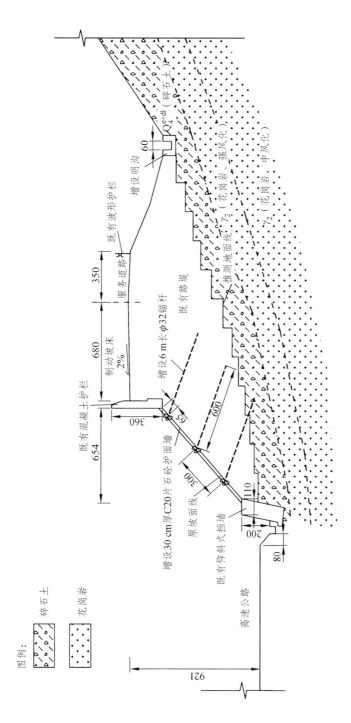

图 6-9　预加固段病害处治典型横断面（单位：cm）

图例：

碎石土

花岗岩

（3）既有浆砌片石护面墙预加固段（纵长 17.5 m），采用间距为 3 m×3 m 锚杆进行边坡加固（锚杆长 6 m，主筋为 Φ32 螺纹钢筋）。待锚杆施工完成后增设 30 cm 厚 C20 片石砼防护坡面。坡面设 Φ50 mm PVC 排水孔，排水孔为 2 m×2 m 梅花形布置。

（4）对于高速公路仰斜式内挡墙和避险车道终点处挡墙的已损坏部分，采用 C20 片石砼恢复至原状。

（5）避险车道近山体侧增设一道纵向排水明沟，往大桩号接入既有涵洞。

7 广元周边高速公路两处岩质边坡浅层病害处治设计实例

7.0 引　言

在以降雨为主的环境因素长期作用下，会造成砂、泥岩地区遗漏防护措施的岩质边坡因"砂、泥岩差异风化""坡表岩体掉块剥落"等而诱发浅层病害。本节选取两处较典型工点，对该类病害的处治设计进行介绍。

7.1　KX+324~+456 右侧岩质边坡病害处治设计

7.1.1　KX+324~+456 右侧岩质边坡结构与病害特征

本段边坡的整体稳定性较好，主要问题是坡面浅层病害。边坡岩层层面产状为 242°∠40°，砂岩区域发育一组陡倾节理，其产状为 315°∠66°。最大边坡高约 50 m，坡脚向上 20~30 m 竖向高差范围为厚层砂岩夹泥岩，该段边坡坡率约为 1:0.5，下部 20 m 范围为既有锚杆框架梁加固区域，框架梁基本完好无损，框架梁底脱空严重。框架梁上部厚层砂岩夹泥岩由 KX+390 向小桩号方向顺岩层层理向上延伸。坡体其余区域以砂岩为主，平均坡率约 1:0.35，其中 KX+362~KX+386 段岩体完整性较好,KX+330~KX+362 段和 KX+386~KX+440 段砂岩较破碎。如图 7-1~7-3 所示。

（a）

（b）

图 7-1　KX＋324～＋456 段岩质路堑立面全景

图 7-2　KX＋324～＋456 段原框架梁底脱空区域

图 7-3　KX+324~+456 段破碎砂岩区域

7.1.2　KX+324~456 右侧岩质边坡病害处治措施

如图 7-4、7-5 所示。

（1）清除坡面的危岩、落石危险源。

（2）KX+330~KX+362 段砂岩采用Φ32 压力注浆锚杆加固（锚杆长 15~9 m，纵横间距 3 m×3 m）；KX+386~KX+440 段砂岩较破碎区域采用 C20 小石子砼嵌补凹腔，对于局部破碎区域采用随机锚杆加固（Φ32 压力注浆锚杆，长 9 m），并挂柔性主动网防护坡面。

（3）对于一、二级坡面框架梁底存在脱空现象的区域，采用 M7.5 浆砌片石嵌补。

（4）框架梁措施上部厚层砂岩夹泥岩区域采用挂钢筋网喷射 12 cm 厚 C20 小石子砼防护，并增设 2 m、5 m 普通锚杆梅花形布设。

7.2　KX+836~+964 右侧岩质边坡病害处治设计

7.2.1　KX+836~+964 右侧岩质边坡结构与病害特征

该段右侧为砂泥岩互层路堑边坡，边坡病害的主要问题是差异风化为主的风化剥落和局部坡面落石的坡面病害，边坡的整体稳定性较好。岩性以泥岩为主，夹薄层砂岩，坡表可见凹腔，岩层近水平，产状约 85°∠7°，存在两组优势节理面，其产状分别为 215°∠79°、71°∠63°，最大边坡高约 20.6 m（由坡脚墙顶计），平均开挖坡率 1∶0.5。该段在 KX+900 附近有一小断层，断层产状约为 178°∠24°。由于砂泥岩的差异风化以及表水作用，造成边坡表层剥落掉块，护面墙顶有浮土堆积。KX+836~KX+964 段竖向高约 9 m（由墙顶计）范围泥岩较软弱。另外，KX+952 处原有一急流槽，现已遭破坏。如图 7-6、7-7 所示。

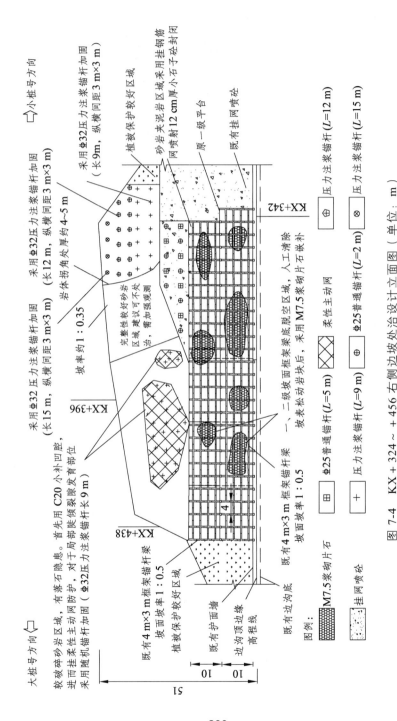

图 7-4 KX＋324～＋456 右侧边坡处治设计立面图（单位：m）

大桩号方向

较破碎砂岩区域，有落石隐患。首先用 C20 小凹腔回填，进而挂柔性主动网防护，对于局部陡倾裂隙发育部位采用随机锚杆加固（Φ32压力注浆锚杆长9 m）

采用 Φ32 压力注浆锚杆加固（长15 m，纵横间距 3 m×3 m）

采用 Φ32 压力注浆锚杆加固（长12 m，纵横间距 3 m×3 m）

坡率约 1：0.35

岩体拐角处厚约 4～5 m

完整性较好砂岩区域，建议可不挖治，需加强强观测

小桩号方向

采用 Φ32 压力注浆锚杆加固（长 9 m，纵横间距 3 m×3 m）

植被保护较好区域

砂岩夹泥岩区域采用挂钢筋网喷射 12 cm 厚小石子砼封闭

原一级平台

既有挂网喷砼

既有 4 m×3 m 框架锚杆梁坡面坡率 1：0.5

植被保护较好区域

坡面护顶边缘线

边沟顶边缘线

既有边沟底

一、二级坡面框架梁梁底脱空区域，人工清除坡表松动岩块后，采用 M7.5 浆砌片石嵌补

KX＋342

KX＋396

KX＋438

10

10

51

图例：

田 ⊕ Φ25普通锚杆（L=5 m）

＋ 压力注浆锚杆（L=9 m）

⊞ Φ25普通锚杆（L=9 m）

柔性主动网

⊕ Φ25普通锚杆（L=2 m）

⊕ 压力注浆锚杆（L=12 m）

⊗ 压力注浆锚杆（L=15 m）

M7.5浆砌片石

挂网喷砼

· 200 ·

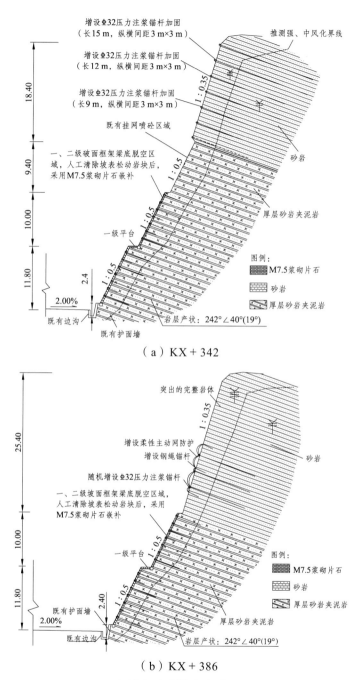

（a）KX＋342

（b）KX＋386

图 7-5　KX＋324～＋456右侧岩质边坡病害处治典型横断面图（单位：m）

图 7-6　KX＋836～＋964 段竖向高约 20 m（由墙顶计）范围泥岩较软弱区域

图 7-7　KX＋952 处已毁坏的急流槽

7.2.2　KX＋836～＋964 右侧岩质边坡病害处治措施

如图 7-8、7-9 所示。

（1）对坡面松动岩块以及坡脚护面墙顶堆积浮土进行人工清除。

（2）恢复 KX＋952 处既有已损坏的急流槽，并用长 5 m 普通锚杆加固基底。

（3）对坡面凹腔采用 C20 小石子砼进行适当嵌补，并在坡面防护工程施工时，注意砂泥岩接触面形成的陡坎对挂网的影响，务必确保挂网能紧贴坡面。

（4）对 KX＋836～＋964 段路堑边坡采用挂钢筋网喷射 12 cm 厚 C20 小石子砼防护，并增设 2 m、5 m 普通锚杆梅花形布置，建议挂网喷砼向坡顶平台反包 1 m。

（5）护面墙顶种植藤类绿化植物。

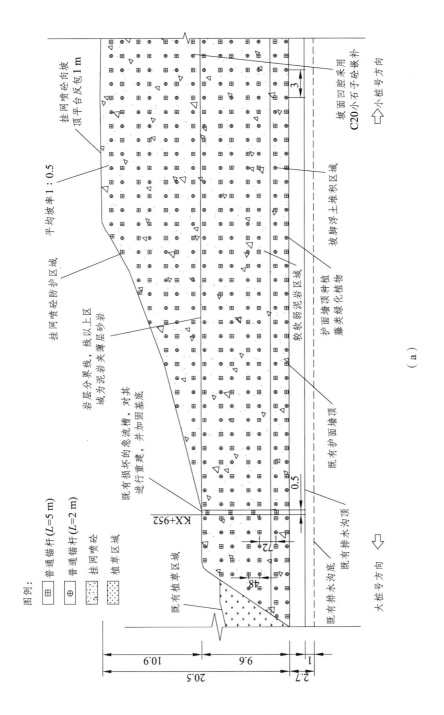

（a）

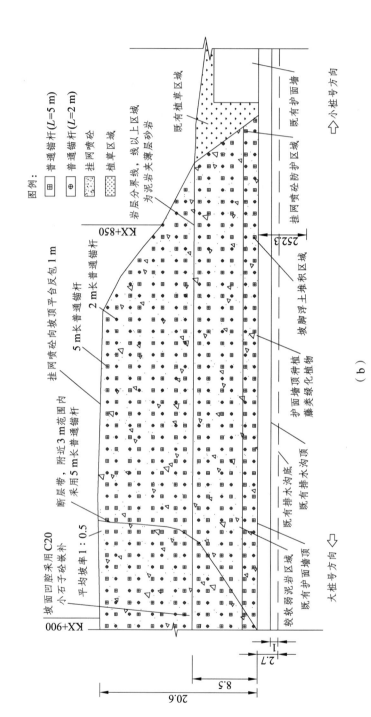

图 7-8 KX+836～+964 右侧岩质边坡病害处治立面设计（单位：m）

（b）

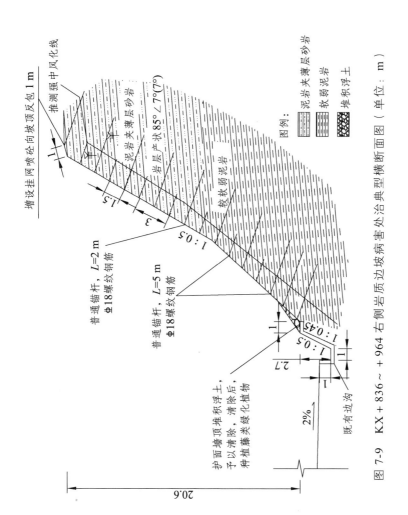

图 7-9 KX+836～+964 右侧岩质边坡病害处治典型横断面图（单位：m）

增设挂网喷砼向坡顶反包 1 m

推测强中风化线

泥岩夹薄层砂岩

岩层产状 85°∠7°(7°)

较软弱泥岩

普通锚杆，L=2 m
Φ18螺纹钢筋

普通锚杆，L=5 m
Φ18螺纹钢筋

护面墙顶堆积浮土，
予以清除、清除后，
种植藤类绿化植物

既有边沟

2%

2.7

20.6

图例：

泥岩夹薄层砂岩

软弱泥岩

堆积浮土

8 攀西地区某高速公路路堑边坡水毁病害抢险处治设计实例

8.1 工程概况

2014年9月1日凌晨攀西局部地区连续暴雨，某高速公路KX＋150～＋330段右侧上边坡出现水毁病害，对行车安全造成一定影响。受汛期内后续强降雨作用，上述路基病害将进一步恶化，形成更大规模的灾害，严重威胁"生命线工程"的畅通。

受业主委托，课题组于2014年9月3日对上述路堑边坡进行了现场调查，病害的具体处治情况如下所述。

8.2 路堑边坡病害特征

根据现场调查，该段路堑边坡的病害特征为：

2014年9月1日凌晨该地区连续暴雨，造成KX＋150～＋330段右侧路堑边坡（坡面既有菱形骨架防护）上方一处山体汇集的水石流（水流裹挟上方山体表面的泥沙和石块）冲沟由该处边坡上方冲下，冲沟裹挟的水夹泥石反复冲到KX＋150～＋330段右侧上边坡，堵塞既有截水沟（截面约0.5 m×0.5 m）后顺边坡冲下至路面，引起高速公路路面积淤，并造成路堑边坡坡面局部掏蚀、既有菱形骨架防护局部损坏。如图8-1、8-2所示。

（a）

（b）

图 8-1　受水流冲刷破坏的菱形骨架护坡

图 8-2　原排水沟受水流冲刷破坏

8.3 路基病害处治措施

根据上述病害特征，拟采取以下措施对路堑边坡进行处治（图 8-3、8-4）。

8.3.1 应急处治措施

（1）对高速公路水毁地段临时封闭、清淤（现场调查时据养护部门介绍为 140 m³，已清除），对路面受污淤地段清洗。

（2）对于既有堑顶纵向截水沟二处受损后溢流段落，增设格宾石笼码砌密实，并于石笼外侧增设 0.5 m 高培土。

（3）高速公路右侧既有盖板边沟已被泥沙、石块掩埋，建议清除盖板上堆积物，并疏通盖板下排水沟。

（4）暴雨时应有专人 24 小时巡视，如有特殊情况应及时上报，紧急情况下可破除改沟与既有水沟壁面引水流入改沟中。

8.3.2 永久处治措施

（1）堑顶改沟工程

① 现场调查时已挖出截面尺寸约 2 m×2 m 的排水沟，建议两侧壁坡率设为 1∶0.75。

② 水沟底面增设 30 cm 厚 C20 砼封面。

③ 水沟两侧增设 C20 砼封面，采用变截面形式，顶部厚 30 cm，底部厚 40 cm。

④ 沟两侧及底面增设砼封面之前，要求对土体进行人工夯实压密。

⑤ 纵坡较陡地段增设防冲消能坎 3 道。

⑥ 设两处人行桥以供当地居民通行。

⑦ 水沟中下部一段纵向约 15 m 长外侧路堤高一般为 6～7 m，坡率约 1∶1，建议对其夯实后进行坡面植草防护。

（2）改沟地点拦水墙设置

① 拦水墙高为 4 m，埋入原地面线 1.5 m。

② 拦水墙总长 15 m。

③ 拦水墙于改沟完成后实施。

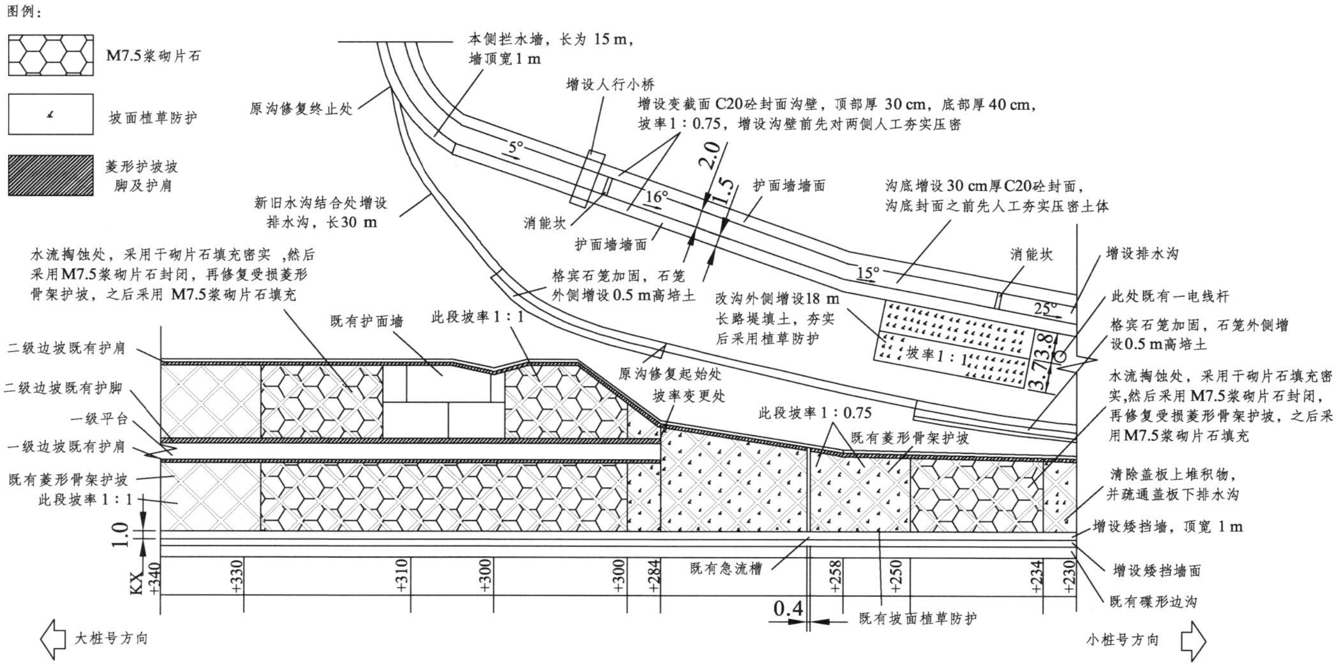

图例：
M7.5浆砌片石
坡面植草防护
菱形护坡坡脚及护肩
本侧拦水墙，长为 15 m，墙顶宽 1 m
增设人行小桥
增设变截面 C20砼封面沟壁，顶部厚 30 cm，底部厚 40 cm，坡率 1∶0.75，增设沟壁前先对两侧人工夯实压密
原沟修复终止处
新旧水沟结合处增设排水沟，长 30 m
消能坎
护面墙墙面
沟底增设 30 cm厚C20砼封面，沟底封面之前先人工夯实压密土体
增设排水沟
此处既有一电线杆
格宾石笼加固，石笼外侧增设0.5 m高培土
格宾石笼加固，石笼外侧增设 0.5 m高培土
改沟外侧增设18 m长路堤填土，夯实后采用植草防护
坡率1∶1
水流掏蚀处，采用干砌片石填充密实，然后采用M7.5浆砌片石封闭，再修复受损菱形骨架护坡，之后采用 M7.5浆砌片石填充
既有护面墙
此段坡率 1∶1
原沟修复起始处
坡率变更处
此段坡率 1∶0.75
既有菱形骨架护坡
二级边坡既有护肩
二级边坡既有护脚
一级平台
一级边坡既有护肩
清除盖板上堆积物，并疏通盖板下排水沟
增设矮挡墙，顶宽 1 m
增设矮挡墙面
既有碟形边沟
既有急流槽
既有坡面植草防护
大桩号方向
小桩号方向

(a)

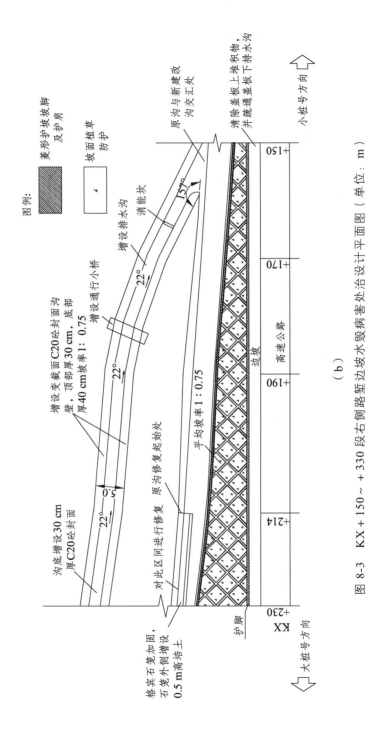

图 8-3 KX + 150 ~ + 330 段右侧路堑边坡水毁病害处治设计平面图（单位：m）

（b）

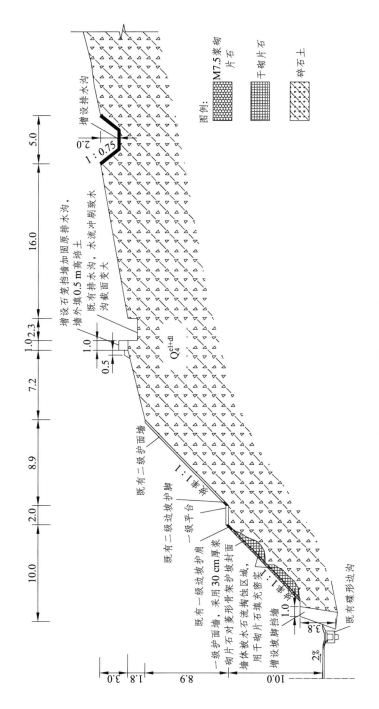

图 8-4 KX+150～+330 段右侧路堑边坡水毁病害处治典型横断面图（单位：m）

（3）水毁受损路堑边坡的恢复

① 修复受损菱形骨架护坡，并对菱形格构之间的裸露坡面采用 30 cm 厚浆砌片石封闭。

② 水石流掏蚀部分用干砌片石填充密实后再砌筑 30 cm 厚浆砌片石封闭。

（4）坡脚仰斜式挡墙加固

① 加固范围为 KX + 230 ~ KX + 340，总长 110 m。

② 挡墙高设为 3.8 m，墙身设一排排水孔，每隔 10 m 设一道变形缝。

9 川东某高速公路岩质路堑垮塌病害处治设计实例

9.1 工程概况

2014 年 9 月中旬雨季期间，受集中降水的诱导，川东某高速公路下行 KX + 276 ~ + 338 段右侧上边坡沿线路纵向约 62 m 长范围发生垮塌，垮塌岩块体积达到数千立方米。该路堑边坡高度适中（由原矮挡墙顶计，坡高一般 11 ~ 17 m）、原有坡率较缓（一般 40° ~ 50°）、岩体较完整（粉砂质泥岩）且岩体层面不存在顺层结构，但墙顶边坡未做防护处理。经分析，发生较大规模垮塌病害的主要原因在于边坡坡面、岩体层面、结构面的不利组合。针对该段病害的具体处治流程如下所述。

9.2 路堑垮塌病害特征

根据对病害路段的现场调查，该处边坡的病害特征如下：

KX + 276 ~ + 338 段右侧路堑坡体岩性为粉砂质泥岩，坡高一般为 11 ~ 17 m（由原矮挡墙顶计），边坡坡向约为 287°，估计原坡面坡度为 40° ~ 50°。经现场调查，坡体发育多组节理裂隙，主要有两组优势节理裂隙：J1 倾向 56°、倾角 84°；J2 倾向 325°、倾角 88°。

经赤平投影分析可知：岩体层面产状较平缓，斜向缓倾坡内，对边坡稳定影响较小；J1、J2 裂隙面切割形成 X 形潜在破坏面，其交线的倾向虽与边坡开挖面相反，但倾角近于直立，在降雨条件影响下，雨水易沿节理裂隙面下渗进入岩体，不仅会产生动水压力，还将增大不稳定斜坡体重度，降低岩体的抗剪强度，最终导致边坡沿逐渐贯通的滑面产生垮塌。如图 9-1 所示。

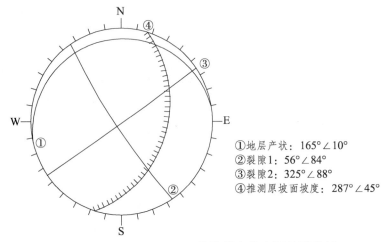

①地层产状：165°∠10°
②裂隙1：56°∠84°
③裂隙2：325°∠88°
④推测原坡面坡度：287°∠45°

图 9-1　KX＋276～＋338 段路堑岩体赤平投影分析

2014 年 9 月 13 日该处发生特大暴雨，由于地表水强烈冲刷、下渗，该边坡沿线路纵向长约 62 m 范围发生垮塌（图 9-2～9-4）。垮塌块、碎石滚落至高速公路车道、明沟及边坡坡脚，原有矮挡墙、护栏部分砸坏。

现场调查时，发现坡顶沿线路纵向发育多组张拉裂缝，主裂缝宽一般为 10～30 cm，纵向长约 50 m；高速公路路面无上拱，推测滑面在挡墙附近或以上区域；该工点坡体背后为倒坡。

图 9-2　KX＋276～＋338 段路堑垮塌

图 9-3　KX＋276～＋338 段路堑坡体后缘垮塌

图 9-4　KX＋276～＋338 段路堑坡体后缘张拉裂缝

9.3　路堑垮塌处治措施

根据边坡结构与病害特征，拟采取以下措施对该边坡进行处治（图 9-5、9-6）：

（1）清除堆积于高速公路车道、明沟及边坡坡脚处的垮塌岩块、护栏等。

（2）对本段边坡在矮挡墙顶部平台标高以上进行刷坡，刷至坡顶裂缝位置，坡率采用 1∶2，分级高度采用 10 m，刷坡后边坡共两级，边坡最大高度 17 m（由原矮挡墙顶计）。并增设拱形骨架植草护坡防护（坡面绿化按植草与灌木结合的方式进行），一级平台处增设排水沟。

（3）对于坡脚高速公路侧矮挡墙已损坏的部分，采用 C20 片石砼恢复至原状；已损坏排水沟采用 C20 砼恢复。

（4）恢复坡脚已损坏的波形梁护栏。

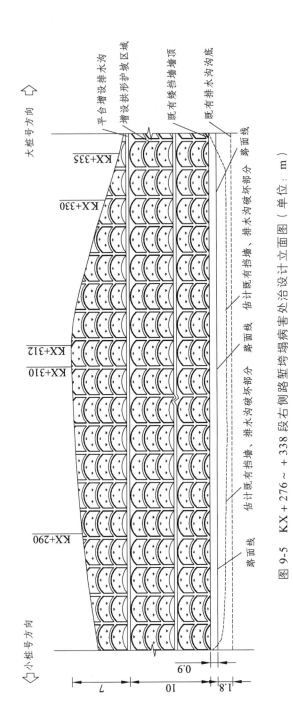

图 9-5 KX + 276 ~ + 338 段右侧堑垮塌路病害处治设计立面图（单位：m）

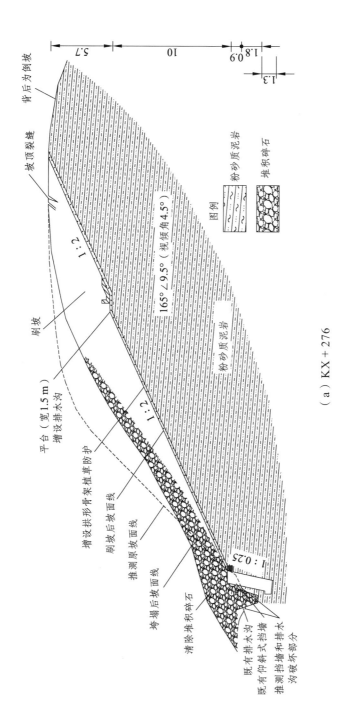

（a）KX+276

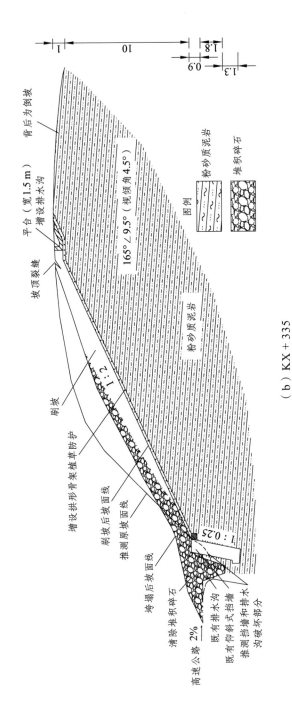

图 9-6　KX + 276 ～ + 338 段右侧路堑至塌陷病害处治设计横断面图（单位：m）

（b）KX + 335

10 川东某高速公路外侧河道水毁牵引路堤垮塌病害抢险处治设计

10.1 工程概况

川东某高速公路 KX + 305 ~ + 453 段上行右侧河道在 2014 年雨季强降雨及水流的冲刷作用下出现水毁病害、部分段落公路路堤中下部垮塌，对公路行车安全造成重要影响。

受业主委托，课题组于 2014 年 9 月 16 日、9 月 28 日对该段路堤水毁病害进行了两次现场调查工作，在其基础上开展了如下处治设计。

10.2 路基水毁病害特征及处治措施

由于该工点为应急抢险工程处治，应业主"尽量永临结合"的要求，采取动态设计、动态施工的思路逐步调整优化处治方案。现将对 KX + 305 ~ + 341、KX + 363 ~ + 453 两段上行路基水毁病害的两期现场调查、讨论情况及处治措施分述如下。

10.2.1 第一期现场调研及相应处治措施

课题组于 2014 年 9 月 16 日第一次进入现场调查测量。调查结果表明，由于连日暴雨，水流量极大，原排水沟水位较高，加之原路堤填方较高、坡率较陡(KX + 305 ~ + 341 段高约 5 m,坡率一般为 1 : 0.3 ~ 1 : 0.1; KX + 363 ~ + 406 段高一般为 8 ~ 14 m，坡率约 1 : 0.6)，导致两段高速公路路堤发生不同程度的水毁病害（图 10-1、图 10-2）。

（a）　　　　　　　　　　（b）

图 10-1　KX + 305 ~ + 341 段上行路堤水毁破坏情况

图 10-2　KX + 363 ~ + 453 段上行路堤水毁破坏情况

现场调研结果表明，如不及时对该段病害进行抢险处理，将会对道路行车安全造成严重影响。经过现场调研和讨论，分别于 9 月 16 日、18

日将"KX＋300～＋500上行右侧河道水毁工程应急抢险处治建议"的咨询意见与相关设计草图发予业主，处治措施的主要内容如下：

（1）KX＋305～＋341段（段落一）高速公路右侧路基临空侧，采用砂袋码砌进行临时防护，并于砂袋背后采用填料填筑密实。

（2）KX＋363～＋453段（段落二）高速公路右侧路基临空侧：

① 清除该路段已破坏原河道圬工砌体，以及堆积于坡脚及河道的松散土石体。

② 于坡脚沿河道纵向插筋嵌入岩基，并于插筋的基础之上设矮挡墙，建议挡墙高2 m，采用C20片石砼，挡墙墙背采用透水性填料填筑密实。

③ 对于坡脚沿河道纵向岩基较软弱段落，采用码砌石笼格宾防护，高度可为2～3 m。

④ 对路堤裸露填方坡面采用挂网喷砼封面，喷小石子砼共12 cm厚，坡面短锚杆采用直径18 mm钢筋，长3 m，间距1.5 m×1.5 m，并按2 m间距梅花形布设泄水孔，孔径50 mm。

⑤ 为保证河道过水断面面积，对于现河道较窄段落，可向远离高速公路一侧岸坡适当拓宽河道。

其后，鉴于以上抢险方案主要为临时处治措施，应业主"尽量永临结合、不新增征地"的要求，基于该工点为应急抢险处治工程，经过相关技术人员的研究讨论，初步拟定：对段落一，改用路肩墙的措施加以防护；对于段落二，采用于既有河道内设置6～8 m高路堤墙的措施予以处理，并以不陡于1：1的横坡坡率从挡墙顶内边缘回填片石至路堤垮塌坡口线。9月22日将相关挡墙设计草图以电子文件的形式发予业主。

10.2.2 第二期现场调研及相应处治措施

9月26日接业主通知，对于KX＋363～＋453段（段落二）河道底面采用钢钎测试的方法发现有20余米纵长的段落不是基岩，无法于既有河道（如图10-2）中实施路堤墙。9月28日课题组进一步对该工点进行调查，基于"既有路堤填筑于原有河沟之上，而段落二河道处于原有河沟边缘陡壁附近"的客观因素，再次对设计采取动态调整，即对段落二采用改沟的处治措施（图10-3～10-5）：

图 10-3　KX＋368 处跌水（改沟前）　　图 10-4　KX＋406 处跌水（改沟前）

（a）

（b）

图 10-5 KX + 363 ~ + 453 段上行路堤水毁后抢险施工中（2014-9-20）

（1）在跌水上游增设一段拦水墙。拦水墙往下游方向，新增排水沟以弧形路线开挖使其远离路堤。

（2）增设排水沟底面以及远路堤侧采用 35 cm 厚的 C20 砼护面。

（3）新改沟靠近高速公路一侧设置 3.5 m 高的路堤墙。

（4）对已破坏的高速公路路堤区域，自破坏坡口线往下，按 1∶1.5 的坡率回填土并夯实后，坡面采用植草防护。

10.2.3 最终工程处治措施

根据实际情况，课题组对设计方案的相关参数进一步细化确定，最终处治措施如下：

（1）KX + 305 ~ + 341 段处治措施

① 此段设置仰斜式路肩墙，路肩墙随地基和路基被冲刷情况不同变化高度，要求挡墙基础埋入原地面线以下深度大于等于 1.0 m。

② KX + 305 ~ + 330 段挡墙顶面与高速公路路肩标高一致，并合理控制挡墙基础开挖深度，可根据河道纵坡，灵活按一定纵向间距设置台阶式开挖基础。

③ KX + 330 ~ + 341 段根据地势、路基水毁程度，挡墙高度从 6.0 m 渐变至 3.6 m。

④ 仰斜式挡墙每 10 m 设伸缩缝一道，缝宽 2 cm，缝内沿墙的内、外、顶三边填塞沥青麻絮，塞入深度不得小于 0.2 m。

⑤ 墙身按梅花形布设泄水孔，纵、横向间距 2.0 m，最下一排泄水孔竖向距离河道底面 2.0 m，孔内预埋 Φ50 mmPVC 管，外倾 6°，进水口包裹渗水土工布。

⑥ 仰斜式挡墙墙身材料采用 C20 片石砼砌体，挖基回填亦采用 C20 片石砼。

⑦ 为保证设置挡墙后河道底有 2 m 宽度，个别段落应向远离公路一侧岸坡拓宽。

（2）KX + 363 ~ + 453 段处置措施

① 增设排水沟：在已损坏的排水沟区间增设排水沟，增设排水沟采用新线路，避开原排水沟及已损坏路堤区域。具体做法如下：在 KX + 363 上游增设一段拦水墙，长约 10 m，采用 Ⅱ 型挡墙；拦水墙往下游方向，新增排水沟以弧形路线开挖使其远离路堤，然后为直线最终在下游汇入原排水沟。新开挖排水沟自 KX + 363 起向下游近路堤侧采用 Ⅲ 型挡墙，远路堤侧采用 35 cm 厚的 C20 护面墙，坡率为 1∶0.75；同时，KX + 368 处有一处跌水处高差约有 6 m，KX + 406 处有一处跌水落差约 3 m，均增设坡率为 1∶0.5 的跌水坎，使排水沟中水流能较为平缓下落。

② 路堤填方：对已破坏的高速公路路堤区域，自破坏区域坡口线往下，按 1∶1.5 的坡率回填土并夯实后，采用植草防护；在下游涵洞处，填方结束，采用 Ⅲ 型挡墙支撑围护所增设填方。

③ KX + 453 附近涵洞下游河道迎水处岸坡的防护：顺水流方向，在保证原过水断面宽度的基础上，对该涵洞出口向下游约 15 m 长迎水侧岸坡采用 50 cm 厚 C20 砼护面墙防护，墙面坡率为 1∶0.75，墙高约 3 m，保证埋入地面 0.5 m 深；顺接 50 cm 厚 C20 砼护面墙，向下游增设约 170 m 长 35 cm 厚 C20 砼护面墙，墙面坡率为 1∶0.75，墙高约 3 m，保证埋入地面 0.5 m 深。

如图 10-6、10-7 所示。

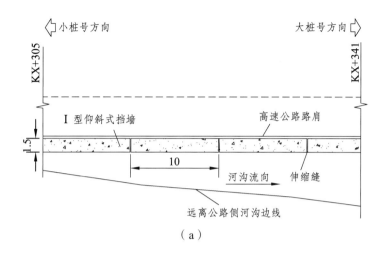

（a）

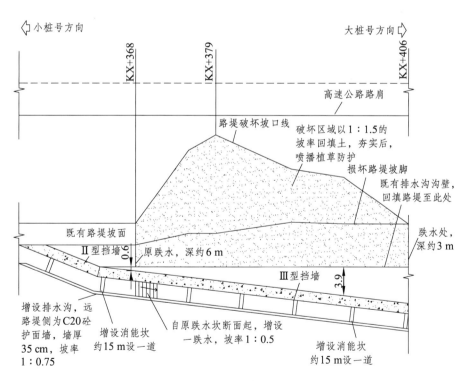

（b）

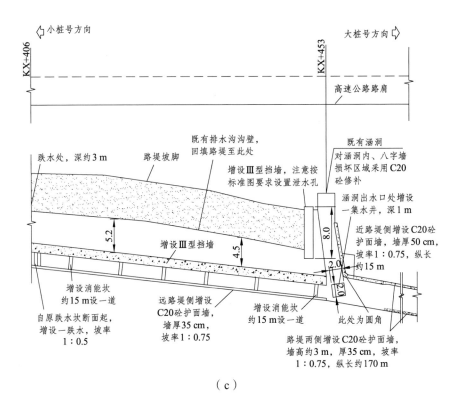

（c）

图 10-6　KX+305～+453 段路基病害处治平面设计（单位：m）

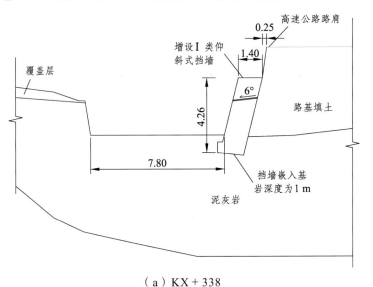

（a）KX+338

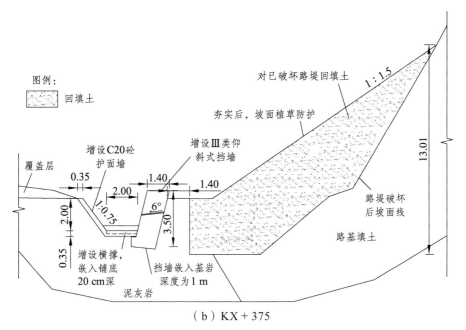

（b）KX＋375

图10-7　KX＋305～＋453段路基病害处治典型横断面（单位：m）

11　川东某高速公路上行右侧河道水毁病害抢险处治设计实例

11.1　工程概况

川东某高速公路 KX + 190 ~ + 908 段上行右侧河道在 2014 年雨季强降雨及水流冲刷等因素作用下出现水毁病害，对"生命线工程"的安全造成一定隐患（图 11-1）。受汛期后续强降雨作用，上述病害可能进一步恶化，形成更大规模的灾害，严重影响行车安全。

受业主委托，课题组于 2014 年 8 月 21 日、9 月 16 日—9 月 18 日对该段河道水毁灾害进行了两次现场调查工作，根据现场调查结果，开展了处治设计。

11.2　河道水毁病害特征及处治措施

由于该工点为应急抢险工程处治，故采取动态设计、动态施工的思路逐步调整优化处治方案。现将对 KX + 190 ~ + 908 段上行河道水毁病害的两期现场调查、研究情况分述如下。

11.2.1　第一期现场调研及相应处治措施

课题组于 2014 年 8 月 21 日第一次进入现场调查测量，调查结果表明，由于 8 月 10 日至 8 月 13 日连日暴雨，水流量极大，最高水位达到两侧护面墙顶，由于原两侧护面墙无基础，大部分墙体底部掏空，当地居民房屋亦出现院坝塌陷、墙体开裂现象。近居民房及机耕道一侧，有一纵长约 45 m 护面墙垮塌（已形成小型牵引式变形体）；另有一纵长约 15 m 段落，原护面墙已破坏，墙后土体掏蚀严重，路面水泥板靠临空侧已部分悬空。近高速公路侧，有一纵长约 20 m 中下部护面墙垮塌段落。如图 11-2、图 11-3 所示。

（a）小桥下游

（b）小桥上游

图 11-1　川东某高速 KX 处上行河道水毁情况（2014-8-21）

图 11-2　KX＋302～＋440 段河道护面墙底掏空（2014-8-21）

图 11-3　KX + 302 ~ + 440 段河道近居民房处损毁（2014-8-21）

现场调研结果表明，如不及时对该段病害进行抢险处理，将会严重影响该处人民生产、生活安全，对道路行车安全也会造成严重影响。于 8 月 26 日，将"KX + 190 ~ + 908 段上行河道水毁工程应急抢险处治措施"的咨询意见以及抢险设计草图一并以电子文件的形式发予业主，主要处治措施如下。

（1）民房一侧岸坡处治措施：

① 为确保民房、机耕道安全，在纵长约 45 m 护面墙垮塌（已形成小型牵引式变形体）段落，增设 2 排钢管桩。桩直径 140 mm，长 13 m，梅花形布设，纵向间距 1.5 m，横向间距 1.0 m。沿纵向设 60 cm 高系梁，要求桩顶进入系梁约 50 cm。最外侧一排钢管桩布设于机耕道外侧土路肩位置。钢管桩顶较原机耕道路面顶部标高矮 0.6 m（即系梁顶部较原机耕道路面顶矮 0.5 m），以便不影响永久处治措施对机耕道的恢复。由于该工点为抢险工程，上述钢管桩长度为设计预估，现场可根据成孔情况动态调整，要求钢管桩实际嵌入基岩深度应至总长一半且不大于预估上限值。

② 调查发现纵长约 15 m 一处段落，原护面墙已破坏，墙后土体掏蚀严重，路面水泥板靠临空侧已部分悬空。建议采用格宾石笼或砂袋对其码砌密实。

（2）高速公路一侧岸坡处治措施：

为确保高速公路通行安全，于民房对岸一侧护面墙纵长约 20 m 中、下部垮塌段落增设 3 排钢管桩加固。桩直径 140 mm，长 18 m，梅花形布设，纵向间距 1.5 m，横向间距 1.0 m，沿纵向设 60 cm 高系梁，要求桩顶进入系梁 50 cm。钢管桩布设于护面墙顶部平台处，最外侧一排钢管桩与护面墙顶平台临空侧边缘横向距离 0.5 m。由于该工点为抢险工程，上述钢管桩长度为设计预估，现场可根据成孔情况动态调整，要求钢管桩实际嵌入基岩深度应至总长一半且不大于预估上限值。

对于护面墙中、下部垮塌区域，建议采用格宾石笼或砂袋对其码砌密实。

（3）为确保小桥的安全，建议对桥墩处局部范围河道冲刷破坏段落，采用砂袋回填码砌，并于雨季内加强对小桥的安全巡视及观测。

（4）斜圆管涵处理措施：建议采用拉槽处理，拆除原 75 cm 直径圆管涵替换为 2 根 1 m 直径钢筋砼圆管，开挖后用搭板的措施保证临时通行。根据原机耕道路面宽约 4.5 m，预估需用直径 1 m 钢筋砼圆管 30 m 长。

（5）河道内堆积物清淤。

（6）河道内深坑回填：对于河道内已经冲刷形成的深坑，进行码砌归槽。可对深坑中下部回填片块石，上部砂袋填实。

（7）靠民房侧既有裂缝，建议采用黏土回填反压封闭，亦可选用塑料布对其进行临时封闭，以免雨水浸入进一步恶化不稳定体。

（8）既有河道护面墙脚脱空较严重段落，采用砂袋回填码砌密实。

11.2.2 第二期现场调研及相应处治措施

由于 9 月 13 日川东地区暴雨达到 50 年一遇级别，对该工点进一步造成损坏。9 月 16 日课题组再次至现场调查研究后，9 月 22 日将"KX＋190～＋908 段上行河道水毁工程应急抢险二期处治措施"的咨询意见以及设计草图一并以电子文件的形式发予业主，主要处治措施如下：民房一侧岸坡钢管桩由原来的 2 排增设为 3 排，并向河道上游纵向延伸 5 m；高速公路一侧钢管桩向河道上游纵向延伸至跌水位置（纵向延长约 13 m）；要求已施工钢管桩应及时灌浆；跌水处已形成深坑建议采用块石回填；对于高速公路一侧护面墙遭破坏段落，建议采用块石回填码砌坡脚，以减缓进一步冲刷掏蚀。具体损毁情况如图 11-4～11-6 所示。

（a）

（b）

图 11-4　KX＋302～＋440 段河道护面墙损毁（2014-9-16）

图 11-5　KX＋302～＋440 段河道近居民房处损毁（2014-9-16）

图 11-6　KX＋680～＋740 段河道护面墙损毁（2014-9-17）

11.2.3　其他处治措施

课题组根据前期对该段落的调查结果，结合现场实际情况，经过反复研究讨论，拟定如下处治措施：

（1）小桥上游河道处治措施

护面墙破坏段落采用 C20 片石砼恢复至原样；护面墙脚脱空较严重段落，采用 C20 片石砼回填码砌密实。

（2）确保小桥安全的措施

为确保小桥的安全，对桥墩上、下游纵长各 10 m（共 20 m）范围河道冲刷破坏形成深坑段落，下部回填片块石，上部采用 35 cm 厚 C20 砼封面。

（3）小桥下游河道处治措施

跌水处（毗邻新增圆管涵）向上游延伸 10 m、向下游延伸 70 m，纵长 80 m 范围河道，采用 35 cm 厚 C20 砼铺底，沟底封面之前先人工夯实压密土体。

护面墙破坏段落采用 C20 片石砼恢复至原样；护面墙脚脱空较严重段落，采用 C20 片石砼回填码砌密实。

（4）KX＋760～＋908 段河道、机耕道损毁处治措施

由于长期遭受水流强烈冲刷作用，沿该段机耕道靠高速公路一侧新冲出一条河道。9 月 13 日川东地区暴雨达到 50 年一遇级别，水流量极大，

233

由于新河道两侧无护面墙，该段河道上行右侧（机耕道靠高速公路一侧）受河流强烈冲刷影响，有一纵长约 40 m 段落机耕道被冲毁垮塌，另有一纵长约 20 m 段落土体掏蚀严重，路面水泥板靠临空侧已部分悬空。损毁情况如图 11-7 所示。

图 11-7　KX＋760～＋908 段河道、机耕道损毁（2014-9-16）

结合实际情况，对该段病害拟定了如下处治措施：

对 KX＋760～＋908 段新冲出河道进行拓宽（宽约 5 m，深约 1.8 m），对机耕道土体掏蚀严重区段采用片石回填码砌密实，对机耕道损毁区域采用片石回填碾压，并恢复路面。在片石回填结构之后，于机耕道靠高速公路一侧（即新冲出河道上行右侧）增设浸水挡墙作为永久支护，新冲出河道上行左侧增设护面墙作为永久支护，沟底增设 35 cm 厚 C25 砼铺底。对原河道进行清淤。（后经专家组评审，最终放弃对新冲出河道的利用。）

11.2.4　专家组咨询评审后确定的处治措施

（1）对于遭水毁破坏护面墙的恢复，增设了防冲刷齿坎，以防止进一步掏蚀；对于小桥上、下游河道，增设了河床铺底，并增设了消能设施，以减缓流速。

（2）对于钢管桩前需恢复的护面墙工程，增设了防冲刷齿坎。

（3）KX＋760～＋908 段，对新冲出河道回填，并于表层设置 50 cm 厚耕植土；同时，加强了对原河道淤塞的清理工程，以确保水流顺畅。

病害处治平面设计图和横断面图如图 11-8、11-9 所示。

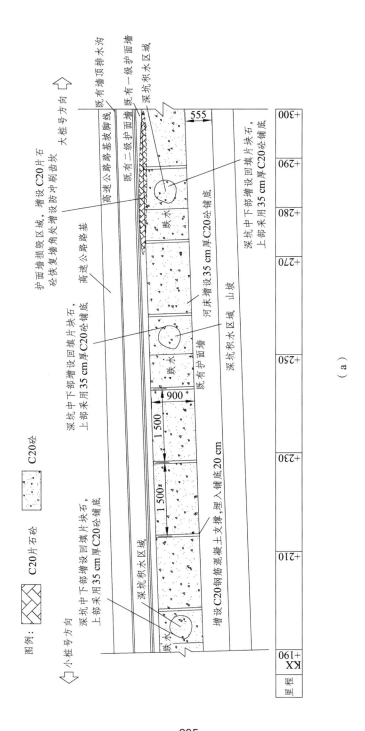

（a）

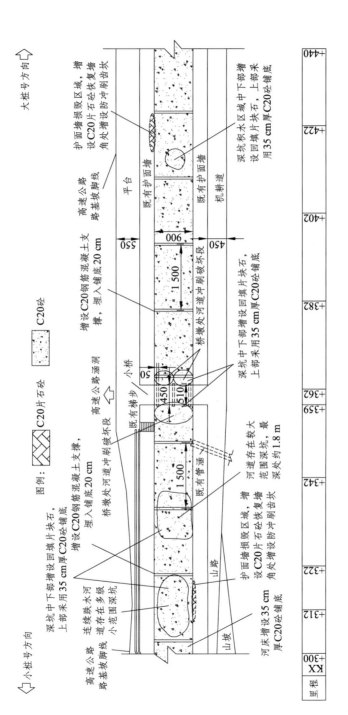

（b）

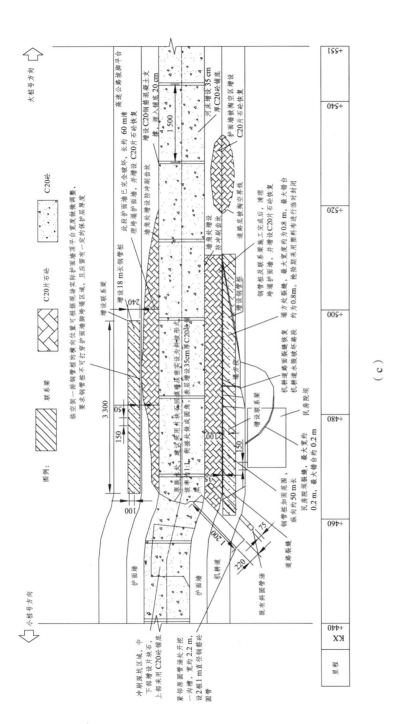

（c）

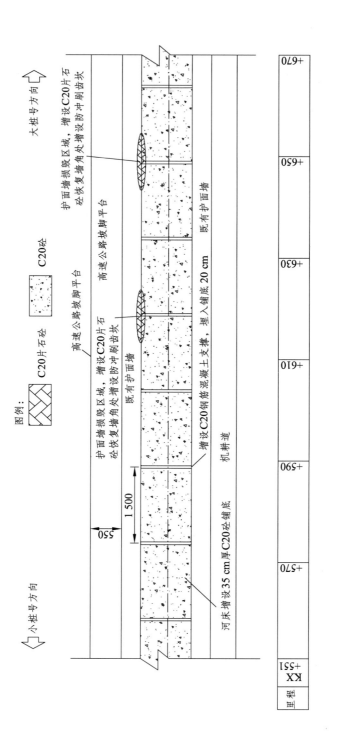

（d）

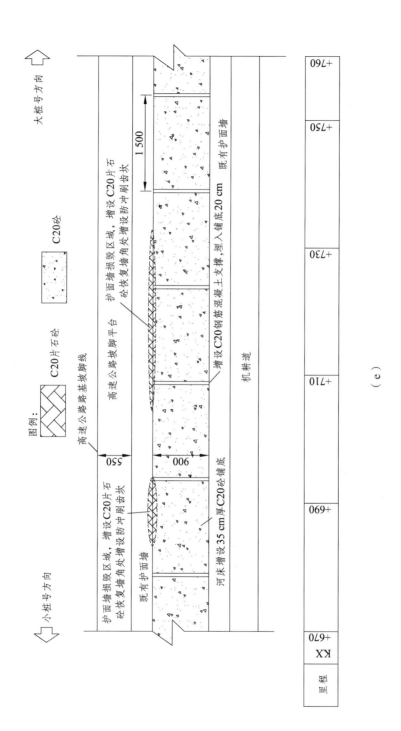

图例：

高速公路路基坡脚线

C20片石砼

C20砼

护面墙损毁区域，增设C20片石
砼恢复墙角处增设防冲刷齿坎

高速公路坡脚平台

既有护面墙

河床增设35 cm厚C20砼铺底

护面墙损毁区域，增设C20片石
砼恢复墙角处增设防冲刷齿坎

增设C20钢筋混凝土支撑，埋入铺底20 cm

既有护面墙

机耕道

大桩号方向

小桩号方向

1 500

550

900

里程	KX+670	+690	+710	+730	+750	+760

（e）

· 239 ·

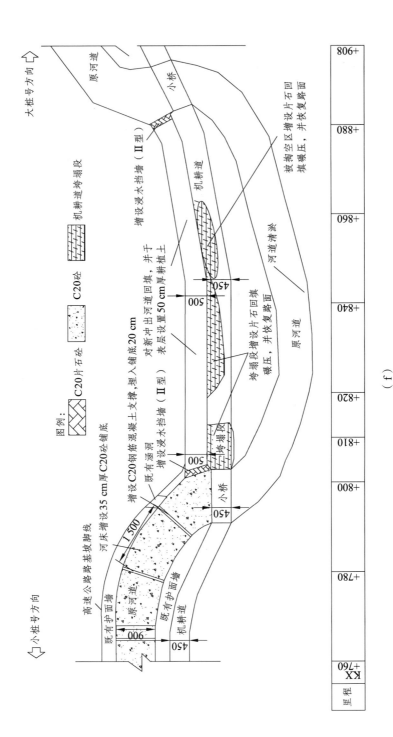

图 11-8 河道水毁病害处治平面设计图（单位：cm）

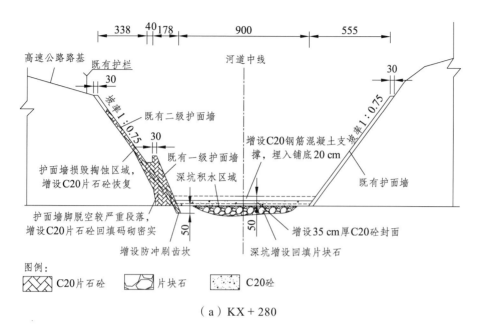

图例：

⬛ C20片石砼   ⬛ 片块石   ⬛ C20砼

（a）KX＋280

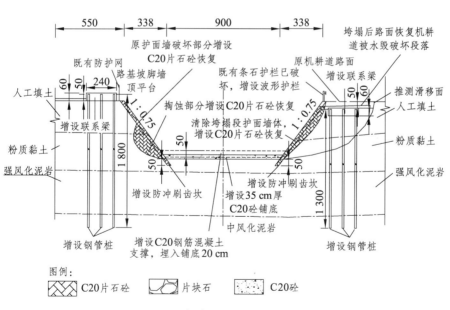

图例：

⬛ C20片石砼   ⬛ 片块石   ⬛ C20砼

（b）KX＋480

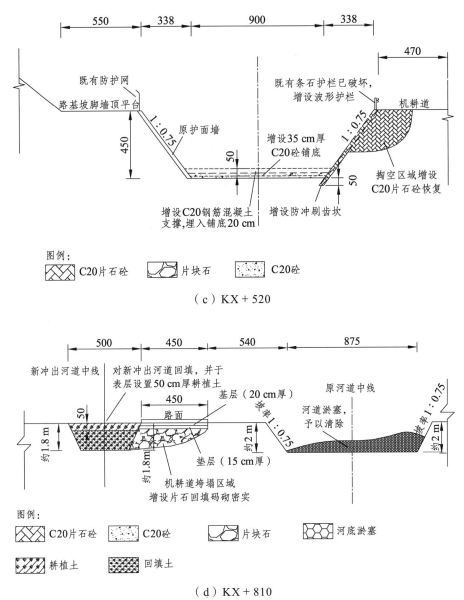

图例：

░░ C20片石砼 ▨ 片块石 ▦ C20砼

（c）KX+520

图例：

░░ C20片石砼 ▦ C20砼 ▨ 片块石 ⬡ 河底淤塞

▨ 耕植土 ▦ 回填土

（d）KX+810

图 11-9 河道水毁病害处治典型横断面图（单位：cm）

12 攀西地区某高速公路高填斜坡弃土场工后稳定评估实例分析

（注：原文刊于《成都大学学报》（自然科学版）2017年第3期）

12.0 引　言

攀西地区某高速公路于 2011 年 5 月建成通车。其建设期间，由于 NGG1#大桥改为 LJS 隧道的重大变更，新增弃方 $19 \times 10^4 \text{ m}^3$，经反复研讨，于隧道出口冲沟处增设 NGG 弃土场（图 12-1）。弃土场主轴线与高速公路近于正交，总体呈上宽下窄，其纵剖面斜坡填方高 91.5 m，于锁口挡墙顶共设 8 级边坡。已实施的处治措施为：锁口处框架锚杆挡墙、原冲沟改沟明渠、地表排水系统以及边坡坡面骨架植草防护。

高速公路 NGG 大桥左、右幅的 2#、3#、4#墩均位于弃土场中下部，另有 LJ 水电站引水渠紧邻弃土场坡脚锁口位置。鉴于原冲沟横坡较陡（平均约 15°），汛期洪水作用下弃土场仍有整体失稳的风险，威胁桥墩与水电站水渠安全。受业主委托，2016 年 3 月 17—19 日，课题组对 LJS 隧道出口 NGG 弃土场防护现状进行了现场调查，结合在建期施工图、变更设计等相关技术资料，对该工点稳定性作出了较详细的分析与评估。所得成果可为高等级公路高填路基工点的工后稳定性评估工作提供类比的技术资料及参考。

图 12-1　弃土场全貌及特征

12.1　弃土场稳定性现场调查

12.1.1　锁口支挡工程现场调查

（1）现状调查

挡墙位于弃土场坡脚锁口位置，与公路主线近于平行，其纵长约 25 m（桩号介于左幅 NGG 大桥 2、3#墩之间），最大墙高 9.5 m，顶宽 1.0 m，面坡 1：0.05，外墙表面设有 3 m×3 m 间距的框架锚杆。如图 12-2 所示。

（2）框架锚杆挡墙稳定性判断

框架锚杆挡墙的施工质量较差，外墙表面可见缝隙，系按主动土压力的大小确定挡墙截面尺寸，现场调查基本稳定，无变形。但尚未能满足坡脚强力锁口的要求，应为弃土场稳定性评估的重点关注对象。

（a）

（b）

图 12-2　坡脚锁口挡墙

12.1.2　弃土场排水系统现场调查

（1）改沟工程

因原冲沟设弃土场，须对其作改移。改沟工程布设于弃土场的左侧（即 NGG 大桥的小里程端），基本与主线正交，排入 NGG 大桥下。改沟的截面尺寸为梯形，顶宽 3.0 m，底宽 1.5～2.0 m，沟深 2.0 m，均作浆砌防护，现场未见变形或破损现象，常年流水。但据 2016 年 3 月 18 日访问当地居民，在每年的强降雨期间，因流量较大有漫流现象，说明改沟截面尺寸偏小，表面渗入弃土场填筑体，对高填斜坡整体稳定不利，须作适当加高处理，以防表水冲刷边坡。如图 12-3 所示。

（2）地表排水系统

除南瓜沟改沟工程外，仍有地表排水工程，效果较好，无须增设。但弃土场各级边坡平台处未作封闭处理、未设平台排水沟，故坡面表水下渗现象仍存在。

图 12-3　弃土场既有排水明渠（坡脚挡墙顶部段落）

12.1.3　弃土场主轴线多级边坡稳定性现场调查

（1）现状调查

该弃土场设计容量较大（达 $19 \times 10^4 \text{ m}^3$），且其主轴线剖面图横坡较陡（系用多级边坡和平台组合的断面形式）。根据现场实测（表 12-1），锁口挡墙墙顶以上由 8 级边坡组成，级高 5.5～13.9 m，平台宽 5.8～27 m；弃土场的斜坡填方高程为 91.5 m（锁口挡墙底至坡顶），水平投影宽

191.95 m，每级边坡的水平夹角为 35°～45°，其平均填方横坡为 1：2.1。此外，三至八级坡面既有矩形骨架植草防护，绿化效果较差。可以初步判断，整个陡坡填方高边坡目前处于基本稳定状态。如图 12-4、12-5 所示。

表 12-1　弃土场主轴线纵剖面各级边坡、平台尺寸

边坡级数	各级边坡高/m	平台宽度/m	每级边坡的水平夹角/(°)
一级边坡	9.0	27.0	45
二级边坡	5.5	13.0	45
三级边坡	12.5	7.3	35
四级边坡	12.0	11.0	40
五级边坡	9.8	10.5	40
六级边坡	7.4	10.3	39
七级边坡	11.9	5.8	36
八级边坡（挡墙顶）	13.9	9.3	45

注：1. 锁口挡墙底至填方边坡顶的高程为 91.5 m，水平投影宽 191.95 m。
　　2. 锁口挡墙底至填方边坡顶的平均横坡约 1：2.1。

图 12-4　弃土场俯视图

图 12-5　NGG 大桥 3#桥墩附近局部图

（2）弃土场主轴线多级边坡稳定性分析

① 2010 年 12 月 20 日对该工点变更设计的审查会专家组意见中，建议弃土场陡坡填方的综合坡比为 1∶2.0～1∶2.5。现场实测的综合坡比为 1∶2.1（且第八级边坡的级高为 13.9 m，坡比 1∶1），目前处于基本稳定状态，但稳定系数的安全储备较小，若遇异常气候，有局部表塌可能。

② 上述稳定性分析意见，仅涉及斜坡填方多级边坡自身的稳定性，仍未触及高填方斜坡弃土场的整体稳定性。综合"冲沟沟床横坡较陡（平均约 15°）、改沟排水效果不甚理想、斜坡填方的边坡高达 91.5 m"等不利因素，通过本次现场调查研究，建议对 91.5 m 的高填斜坡弃土场，增设抗滑支挡加固措施。

③ 对增设抗滑支挡加固类型选用建议意见：基于锁口框架锚杆挡墙的基础置于基岩上，且无变形失效的现状，能承担墙背主动土压力的特点，为提高高填斜坡弃土场的整体稳定性，建议选用竖梁锚索支挡类型。优先对第八级边坡作竖梁锚索加固，并根据斜坡推力大小，针对其他级的边坡设竖梁锚索。

④ 各级边坡的防护：除第一、二级边坡外，第三至八级边坡，已有矩形骨架植草防护措施，但骨架内的植草效果不好，尚无变形迹象。故建议对第一、二级边坡增设矩形骨架植草防护，并对第三至第八级边坡骨架内恢复植草。

坡面现状如图 12-6 所示。

（a） （b）

图 12-6 弃土场坡面现状

12.2 稳定性计算校核

12.2.1 潜在深层滑面的反演

（1）滑体参数的选取：通过工程地质类比，将滑体的天然重度概化为 20 kN/m³，饱和重度 21 kN/m³。

（2）滑面参数的选取：以基覆界面作为潜在深层滑面，选取填方最高断面进行讨论。参数反算中，取天然工况下稳定系数 $K = 1.17$，计算结果见表 12-2。计算模型如图 12-7 所示。

表 12-2 滑带参数反算情况

滑面	设计工况	稳定系数	抗剪强度参数	
			C 值/kPa	内摩擦角 φ/（°）
潜在深层滑面	天然工况	1.17	5	17.563
	暴雨工况		4.75	16.685

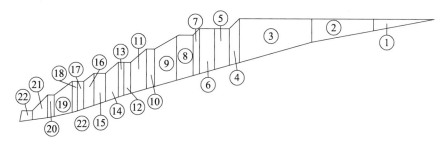

图 12-7 潜在深层滑面计算模型

12.2.2 潜在深层滑面的正演

根据相关规范规定，分别按天然工况、暴雨工况、地震工况对工点的潜在深层滑面进行正演，得出各工况剩余下滑力（计算结果见表 12-3）。

表 12-3 滑坡推力计算结果

滑面	设计工况	安全系数	剪出口剩余 下滑力/（kN/m）
潜在深 层滑面	天然工况	1.20	1 183.7
	暴雨工况	1.15	1 807.5
	地震工况	1.10	1 287.4

由表 12-3 结果可见，暴雨工况为最不利工况，支挡位置处剩余下滑力为 1 807.5 kN/m，其安全储备不足，需对斜坡填筑体相应部位进行加固。

12.2.3 潜在浅层滑面的搜索情况

对于弃土场填筑体内部的潜在浅层滑面，采用圆弧搜索的方法进行研究，计算结果见表 12-4。计算模型如图 12-8 所示。

表 12-4 填筑体内部潜在浅层滑面的稳定性分析

滑面	设计工况	计算参数				稳定系数
		重度 /（kN/m³）	黏聚力 /kPa	内摩擦角 /（°）	地震动峰值 加速度（×g）	
潜在浅 层滑面	天然工况	20	13	27		1.265
	暴雨工况	21	10.8	22.5		1.121
	地震工况	20	12	25	0.15	1.174

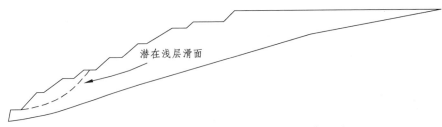

图 12-8　填筑体内部潜在浅层滑面计算模型

由以上图表可得，天然工况下，高填路堤填筑体内部的潜在滑体处于稳定状态；暴雨工况下，填筑体内部浅层潜在滑体稳定性较差，局部甚至处于不稳定状态；而地震工况下，填筑体内部浅层潜在滑体处于基本稳定，局部安全储备较低的状态。

12.3　弃土场补强措施的建议

对于弃土场的排水明渠，建议进行适当加高处理，以防表水冲刷边坡。

建议对弃土场各级边坡平台增设排水沟，以防坡面表水下渗。

建议对第一、二级边坡增设矩形骨架植草防护，并对三～八级边坡骨架内恢复植草。

增设加固措施：为提高高填弃土场的整体稳定性，建议选用竖梁锚索支挡类型。优先对第八级边坡作竖梁锚索加固，并根据潜在深层滑面的暴雨工况的剩余下滑力，对其他级的边坡设竖梁锚索。

12.4　结　论

以攀西地区某高速公路一处高填斜坡弃土场为研究实例，详细讨论了该工点工后稳定性评估的关键流程，得到以下几点认识：

（1）整体来看，弃土场沿主轴线纵剖面的填方高程达 91.5 m，现场实测的综合坡比为 1∶2.1，可判断该工点目前处于基本稳定状态，但稳定系数的安全储备较小，若遇异常气候，仍有局部表塌可能。鉴于坡脚锚杆框架挡墙尚未能达到强力锁口的要求，结合"原冲沟沟床横坡较陡

（平均约 15°）、改沟排水效果不甚理想、斜坡填方高度大"等不利因素，建议对高填斜坡弃土场增设抗滑支挡加固措施，以确保生命线工程的运营安全。

（2）协同现场调查、工程类比及计算校核结果，建议对坡脚附近范围施作"竖梁锚索群"作为增强整体稳定的主体加固措施。为防止表水冲刷边坡，建议适当加高排水明渠，并对各级边坡平台增设排水沟。此外，需恢复各级坡面的矩形骨架植草防护。

13 攀西地区某高速公路高填斜坡路堤工后 稳定评估实例分析

（注：原文刊于《成都大学学报》（自然科学版）
2018 年第 2 期）

13.0 引 言

公路正常服役期间特殊路基工程的工作状况，不仅受环境条件等众多不确定因素的影响，亦随其变化而改变，需相应给予重点关注。对"疑似病例"进行第三方工后评估，可直接为后续处治设计提供相对独立的咨询建议，对"生命线工程"的畅通与安全具有重要的指导意义和实用价值。

以攀西地区某高速公路一处"桥改路"的填方高度约 50 m 的斜坡路堤为研究对象，通过现场调查，并结合建设期设计文件、专家咨询意见等相关技术资料，对该工点稳定性做了较详细的分析与评估。所得成果可为山区公路高填斜坡路堤工点的工后稳定性评估提供类比的技术资料及参考。

13.1 工程概况

攀西地区某高速公路于 2011 年 5 月建成通车。KX + 634 ~ KX + 690 段紧邻 TSG2#隧道出口，该段原有一处与公路近于正交的冲沟，建设期间施工方为处理隧道洞渣与预制梁场平整之便，堆置弃渣形成高填路堤，迫使将原设计"2—25 m 简支梁桥跨越冲沟"方案改为"高填斜坡路堤"，并对冲沟做改移。

2012 年 5 月该区出现强降雨，造成斜坡路堤局部区域浅层溜滑、路面沉降 5 cm。处治措施对水毁区域进行了相应恢复，并增设了必要的排水系统。鉴于工点现场实际情况，为确保生命线工程的运营安全，须针对斜坡路堤的整体稳定性进行专题评估。

13.2 高填斜坡路堤的实施与 2012 年洪灾后处治情况

13.2.1 高填斜坡路堤的实施情况

KX + 634 ~ KX + 690 段高填斜坡路堤，位于 TSG2#隧道出口的填方地段，原施工图设计以 2—25 m 简支梁桥跨越冲沟，施工过程中施工方为处理隧道洞渣及预制梁场平整之便，堆置弃土而形成高填路堤，即桥改路的设计方案。

高填斜坡路堤的设计内容包括：右幅右侧的冲沟作改沟处理，引入大里程端的 GQH1#大桥桥下，填平右侧洼地，主线未设涵洞；左幅左侧弃渣边坡高约 50 m，根据现场实测横坡坡比为 1：1.2，路肩下约 28 m 处设护脚墙，纵长约 30 m，地面以上墙高 3.5 m，墙基置于填筑体中，墙顶边坡设两级平台，坡面采用骨架植草防护措施。

13.2.2 2012 年洪灾后的处治情况

（1）洪灾情况

2012 年 5 月该区出现强降雨，最大降雨量达 208 mm/d，路面排水及右侧山坡冲沟水流对填方路堤冲刷、掏蚀，在 KX + 682 处形成宽约 12 m、深约 4 m 的流水凹沟，溜坡量约 200 m³，路面沉降 5 cm，严重威胁行车安全。

（2）洪灾后处治措施

根据 2013 年 3 月 15 日评审会专家组意见，同意设计单位的处治措施，即：在填方路堤水毁病害范围底部设置格宾（铅丝石笼）护脚，护脚以上分层进行填筑并设置多层土工格栅，路肩处设路肩挡墙，对水毁路堤做恢复，并于路堤周边设地表排水系统。同时强调高填斜坡路堤的稳定性需做专题评价。

13.3　高填斜坡路堤的稳定性现场调查

课题组于 2016 年 3 月 17—19 日对该工点进行了现场调查。

13.3.1　右侧地表排水系统

（1）排洪沟情况：TSG2#隧道右侧冲沟，主线无涵洞，做改沟处理：排洪沟长约 90 m，为梯形截面，沟底宽 3～5 m，沟深约 2 m，其两侧及沟底均做浆砌防护，排入 GQH1#大桥桥下，排水顺畅，无堆积物，修复后的排洪沟完好无损。

（2）右侧边沟：为小截面的浆砌矩形边沟，与排洪沟相接，引入 GQH1#大桥桥下，完好无损。

（3）排洪沟与边沟之间填平洼地表水下渗：洼地已填平，其高程与路肩持平，未做封闭处理，绿化效果不好，汇水面积约 1 200 m^2，强降雨时表水下渗严重，对高填斜坡路堤稳定性不利，须做补强措施。

13.3.2　路面排水与受损情况

右幅路面排水基本良好，无积水现象，路面未见裂缝；左幅路面排水不良，降雨时有积水现象，并在紧急行车道积有泥沙，路面多处有不规则微型裂缝，且偶有微量下沉，须做修补处理。

13.3.3　左侧高填斜坡稳定性

（1）高填斜坡路堤的压实度不够：本段高填斜坡路堤的填料，系采用 TSG2#隧道弃渣，由于该隧道处于断层破碎带附近，安山岩岩体破碎，裂隙发育，风化较强，级配不良，路堤填筑时未进行充分碾压，其压实度达不到设计要求，特别是护脚墙以外的堆积体呈松散状，若护脚墙以外的弃渣堆积体失稳，将危及高填斜坡路堤的稳定。如图 13-1、13-2 所示。

图 13-1　高填斜坡路堤坡面既有防护

图 13-2　高填斜坡路堤既有护脚墙

（2）高填斜坡路堤左侧的实际坡比偏陡：左侧边坡填筑体的最大高度达 50 m，护脚墙顶的边坡高度为 28 m，设有两级平台，但每级边坡的实际坡比仅 1∶1.2，未能满足设计规范要求。现场调查发现已实施的骨架护坡有开裂现象，局部边坡有外鼓病害。如图 13-3 所示。

（3）高填斜坡路堤左侧地表排水不良：左侧路堤边坡的外形不平整，

陡缓不一，骨架内绿化植草现场效果较差，骨架部分有裂缝失效，故坡面地表排水未归槽，表水渗入路堤填筑体，对高填斜坡路堤整体稳定不利。

图 13-3　路堤坡面浅层拉裂

13.3.4　现场调查状况小结

通过现场调查研究，本段高填斜坡路堤的稳定性存在如下问题，须做补强处理。

（1）右侧填平洼地表水下渗严重，须有对应措施。

（2）左幅路面有微量下沉且积水，须做处理。

（3）左侧路堤高边坡的稳定性较差：50 m 高填方的整体稳定性较差，须做抗滑支挡；护脚墙顶可能会出现浅层滑面，须做浅层加固。

（4）左侧路堤边坡地表排水不良，须有对应措施。

13.4　高填斜坡路堤的稳定性验算

13.4.1　潜在深层滑面的反演

（1）滑体参数的选取：通过工程地质类比，将滑体的天然重度概化为 20 kN/m³，饱和重度 21 kN/m³。计算模型如图 13-4 所示。

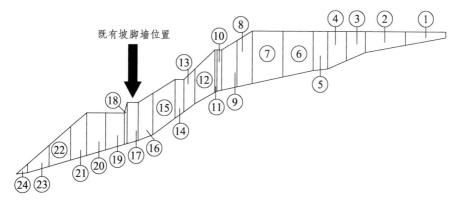

图 13-4　潜在深层滑面计算模型

（2）路面行车荷载取 50 kPa，按公路双向均匀布置。

（3）滑面参数的选取：以基覆界面作为潜在深层滑面，选取填方最高断面进行研究。参数反算中，假定天然工况下稳定系数 $K = 1.05$，计算结果见表 13-1。其中，暴雨工况下相关材料参数系结合现场调查及经验，对天然工况参数进行适当折减而给出。

表 13-1　滑带参数反算情况

滑面	设计工况	稳定系数	抗剪强度参数	
			C 值/kPa	内摩擦角 ϕ/（°）
主滑断面	天然工况	1.05	6.5	20.471
	暴雨工况		5.85	18.424

13.4.2　潜在深层滑面的正演

参考相关文献，并结合现场调查情况，分别按天然工况、暴雨工况、地震工况对工点的潜在深层滑面进行正演，得出各工况剩余下滑力（计算结果见表 13-2）。

表 13-2　滑坡推力计算结果

断面	设计工况	安全系数	剪出口剩余下滑力 /（kN/m）	支挡位置处剩余下滑力 /（kN/m）	极限平衡状态支挡位置处可提供抗滑力 /（kN/m）	设计支挡位置处剩余下滑力 /（kN/m）
主滑断面	天然工况	1.20	728.435	1 620.792	1 132.074	488.718
	暴雨工况	1.15	1 147.032	1 822.108	1 059.860	762.248
	地震工况	1.10	613.115	1 473.208	1 068.693	404.515

由表 13-2 结果可见，暴雨工况为最不利工况，支挡位置处剩余下滑力为 762.248 kN/m，其安全储备不足，需对路堤相应部位进行加固。

13.4.3　潜在浅层滑面的搜索情况

对于高填路堤填筑体内部的潜在浅层滑面，采用圆弧搜索的方法进行研究，计算结果见表 13-3。计算模型如图 13-5 所示。

表 13-3　填筑体内部潜在浅层滑面的稳定性分析

滑面	设计工况	计算参数				稳定系数	
		重度 /（kN/m³）	黏聚力 /kPa	内摩擦角 /（°）	地震动峰值加速度/（×g）	滑面 1	滑面 2
潜在浅层滑面	天然工况	20	12	25		1.251	1.250
	暴雨工况	21	10.8	22.5		1.103	1.102
	地震工况	20	12	25	0.15	1.174	1.175

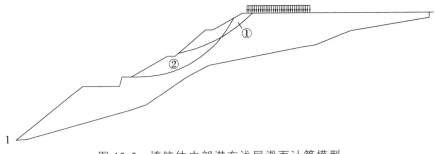

图 13-5　填筑体内部潜在浅层滑面计算模型

综合分析表 13-3、图 13-5 可得：天然工况下，斜坡路堤填筑体内部的浅层潜在滑体处于稳定状态；暴雨工况下，填筑体内部浅层潜在滑体稳定性较差，局部甚至处于不稳定状态；而地震工况下，填筑体内部浅层潜在滑体处于基本稳定，局部安全储备较低的状态。

13.5 补强措施的建议

（1）仰斜排水孔的设置：为克服右侧填平洼地和左侧边坡地表水下渗对高填斜坡路堤稳定性的不利影响，建议增设仰斜式排水孔。拟设于路肩下第 2、3 级边坡坡脚，沿公路纵向 40 m 共设两排，纵向间距 8 m，孔深 15～20 m。

（2）左幅路面下沉、积水的处治：对左幅路面分道整修，维持单道通行。

（3）对左侧路肩下第 1、2 级边坡作浅层加固：由于坡面平整度较差，建议采用竖梁锚杆加固。加固范围为纵长 35 m，锚杆纵横间距为 4 m×3 m、直径 32 mm、长 9 m，竖梁间采用植草防护。

（4）抗滑桩的设置：为确保高填斜坡路堤的整体稳定性，建议于既有护脚墙内侧增设单排全埋式矩形抗滑桩，沿公路纵向 35 m 长布置，桩间距 5 m，截面尺寸与剩余下滑力匹配，桩长约 20 m，共设桩 8 根。

13.6 结　论

以攀西地区某高速公路一处高填斜坡路堤为研究实例，详细讨论了工后稳定性评估的关键流程，得到以下几点认识：

（1）以基覆界面作为潜在深层滑面，高填斜坡路堤整体稳定的条分计算显示，最不利工况下坡体中部既有护脚墙附近剩余下滑力可达762 kN/m。结合"填方压实度不足、路堤横坡陡于规范要求、斜坡体内部排水不良"等不利因素，建议对工点增设抗滑加固措施，以确保生命线工程的运营安全。

（2）协同现场调查、工程类比及计算校核结果，建议对既有护脚墙内侧增设单排全埋式矩形抗滑桩以提高整体稳定性。为解决表水下渗对斜坡稳定的不利影响，需对坡体适当位置增设仰斜式排水孔。此外，针对路肩下 1、2 级边坡的浅层稳定问题，建议采用竖梁锚杆进行加固。

14 攀西地区某横穿高速公路泥石流防护工程现场调查与安全评估

（注：该工点评估报告原文由王明学高工撰写）

14.0 引 言

受业主委托，2016 年 3 月 17—19 日，课题组对攀西地区某高速公路 CY1#中桥 SKNL 泥石流防治现状进行了详细调查，结合公路建设期 Z 大学所做泥石流灾害研究报告、设计单位施工图设计及变更设计等有关技术资料，对泥石流防治的安全性做如下分析与评价。

14.1 SKNL 泥石流沟主要特征与防治对策研究报告（公路建设期 Z 大学编制）

14.1.1 泥石流沟主要地质特征

（1）堆积区特征：CY1#中桥跨越 SKNL 沟泥石流堆积扇区，物质成分主要为黏土质角砾，泥石流堆积最大粒径约 1.0 m，斜坡坡度一般为 20°～45°，局部地形呈陡坎状，主要为耕地和少量民宅，坡面冲沟较发育，水土流失严重，其堆积区面积约 0.17 km²，附近无河道，不利于泥石流排泄，详见图 14-1。

（2）沟床特征：SKNL 沟主沟长约 1.90 km，流域面积约 0.77 km²，流通区面积约 0.60 km²，堆积区面积 0.17 km²，沟床标高为 2 193 ～ 2 695 m，平均比降 26.49%，沟顶常年有积雪，沟道内常年有少量流水。

图 14-1 泥石流沟堆积区全貌及特征

（3）区域气象特征：根据统计，该区域最大 10 min 降雨量为 15 mm，最大 1 h 降雨量为 40 mm，最大 6 h 降雨量为 80 mm，最大 24 h 降雨量略大于 80 mm。

（4）灾害情况：SKNL 沟历史上曾多次暴发泥石流灾害，近期于 1999年 7 月暴发了一次较大规模泥石流，持续时间共 3 d，每一阵持续时间一般 2 ~ 3 h，造成沟口堆积区沟道侵蚀下切平均深度 0.50 m，最大深度达1.0 m，冲刷沟道宽度 1 ~ 3 m，并使离沟口约 800 m 的某国道桥下被淤堵，桥面堆积物高约 0.50 m。

14.1.2 研究报告主要技术结论

（1）沟道物源：研究报告未对沟道流域物源总储量和动储量做分析与评价。

（2）启动类型与发育阶段：该沟道泥石流正处于旺盛阶段，流域稳定性很差，暴发频率高，属稀性泥石流，启动类型为水重同步型。

（3）严重程度与风险：据验算评判，桥位区泥石流流速 1.96 ~ 2.36 m/s，数量化评分 76.5 ~ 100 分，严重程度中等，为很不稳定泥石流沟，按改进的刘希林危险性评价模型危险度评价为中等危险，按熵值法危险性评价模型危险度评价为高度危险，对桥梁工程易损性评估为中度风险。

（4）防治对策：考虑到该沟汇水面积相对较小，物源主要集中在流域中下游且流通段较短，则启动控制范围可缩小到流通段沟道及临近区域，有利于降低成本集中治理，发挥综合效应。

14.2 泥石流沟防治工程设计与施工情况

14.2.1 施工图设计主要措施

（1）路线设计采用 1—30 m 的 CY1#号中桥跨越 SKNL 泥石流沟。

（2）桥梁两侧上、下游均设置导流堤，沟底采用卵石砼铺底和防冲齿，至 2008 年 8 月底导流堤及铺底已施作完成。

（3）于 SKNL 沟上游设置泥石流拦挡坝，其位置距沟床弯道上游约 100 m 处，至 2008 年 8 月底未施作。

14.2.2 变更设计工程措施

2008 年 9 月，该沟又发生了泥石流灾害，施工中采用如下变更工程措施：

（1）泥石流堆积物已漫过导流堤顶溢出，淤塞高程已高于导流堤顶面标高，桥梁净空完全被阻塞，对路线两侧各 90～190 m 范围内清除泥石流堆积物，清方后桥梁右侧沟心处净空不低于 4.0 m，桥位处沟底纵坡不低于 19%。

（2）沟口上游增设 B 段导流堤，下游增设 A 段导流堤，增设段沟底为卵石砼铺底，并对原设计导流槽底重新施作卵石砼铺底。

（3）泥石流拦挡坝变更为两处，一处为谷坊坝，另一处为拦挡坝，并对其位置进行了调整，详见图 14-2 及 2010 年 11 月变更设计拦挡坝平面位置示意图。

图 14-2　泥石流沟处治拦挡坝设计布置

① 拦挡坝：坝高 2.50 ~ 11.50 m，长 56 m，顶宽 2 m，底宽 4.10 ~ 10.00 m，墙身材料为 C20 片（卵）石砼，排水口尺寸 0.6 m × 1.0 m，详见图 14-3。

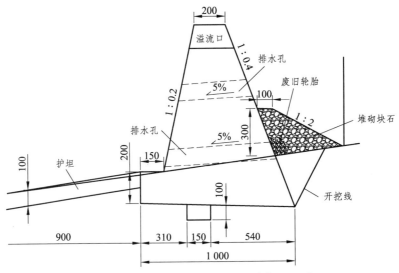

图 14-3　拦挡坝设计断面图（单位：cm）

② 谷坊坝：坝高 2 ~ 4 m，长 17 m，坝顶标高 2 259.46 m，顶宽 2 m，底宽 2.44 ~ 3.24 m，墙身材料为 M7.5 浆砌片（卵）石，泄水孔尺寸 0.3 m × 0.5 m，详见图 14-4。

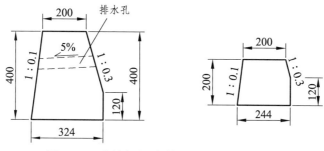

图 14-4　谷坊坝设计断面图（单位：cm）

14.2.3　现场施工情况

2016 年 3 月现场核查，施工图及变更设计清方、导流堤、卵石砼铺底及防冲齿等工程措施基本完成，变更设计的两处泥石流拦挡坝（谷坊坝及拦挡坝各一处）未施作。

14.3　泥石流沟防治现状实地调查

2016 年 3 月 17—19 日，课题组对其现状进行了实地详细调查，现将有关核查情况分述如下：

（1）沟床下游堆积：现场核查与访问，该沟近年泥石流活动频繁，单次规模较小，沟床下游堆积较严重，最大粒径约 1.0 m，泥质含量较小，表现为稀性特征。如图 14-5 所示。

（a）

（b）

图 14-5　沟床下游堆积

（2）A段导流堤端部堆积：下游A段导流堤端部堆积较严重，已将导流堤部分掩埋，高于堤顶顶面标高约1.50 m，最大粒径约1.0 m，体积约1 200 m³。如图14-6所示。

（a）　　　　　　　　　　　　　　（b）

图14-6　A段导流堤端部堆积

（3）导流堤铺底冲刷磨蚀：铺底（底宽6～8 m）部分完好，部分段落（纵长约48 m）冲刷磨蚀较严重，表现为中下部，最大破坏深度约0.60 m，主要位于沟心，导流堤墙身（最大墙高约5 m）及防冲齿基本完好。如图14-7所示。

（a）　　　　　　　　　　　　　　（b）

图14-7　导流堤铺底冲刷磨蚀

（4）B段导流堤上游堆积：上游B段导流堤端部堆积较严重，最大粒径1.0 m，堆积区沟床宽度较宽，堆积体积较大。如图14-8所示。

| （a） | （b） |

图 14-8　B 段导流堤上游堆积

14.4　安全性评价与相关建议

（1）发育阶段及类型：该沟道泥石流正处于旺盛阶段，流域稳定性很差，暴发频率高，启动类型为水重同步型，本次现场调查进一步说明该结论合理。

（2）严重程度与风险：同意 Z 大学对泥石流灾害严重程度与风险评价，即桥位区泥石流灾害严重程度为中等，为很不稳定泥石流沟，对桥梁工程易损性评估为中度风险。

（3）前期对该泥石流沟防治的变更设计方案合理、可行，谷坊坝及拦挡坝设置位置、高度及其他分项工程措施基本恰当，建议业主尽早组织施工单位完成施工，确保 CY1#中桥及行车安全。

（4）对下游 A 段导流堤端部及上游 B 段导流堤端部堆积物，建议做清方处理，下游导流堤端部体积约 1 200 m³，上游导流堤端部体积根据实测断面确定。

（5）对导流堤铺底冲刷磨蚀破损部位，建议按原设计做恢复处理。

15 川东某高速公路 12 处岩质路堑边坡工后调查与评估

15.1 工程背景

川东某高速公路于 2000 年左右建成通车，线路多穿行在中低山丘陵和中高山峡谷之间，沿线地形条件困难、地质构造复杂、地层岩性多变、不良地质发育，大量采用切坡筑路的方法，形成多处路堑高边坡。由于地形限制，公路设计边坡坡率一般较陡、高度较大，大部分高边坡已实施防护加固工程。

随着时间的推移和环境条件的变化，路堑边坡岩土体在地表水和地下水的不断作用下，地质条件可能呈恶化趋势发展，特别是遇有灾害性气象如暴雨的作用和影响，有可能产生病害。轻者会影响公路正常运营和安全行车，重者在运营期间可能会产生较大的塌方断道、车毁人亡等重大事故，造成不良的政治、社会影响和较大的经济损失。因此，针对重点关注路段的路堑高边坡工程，有必要进行调查与评估，如有问题应引起足够重视，采取必要的工程措施，确保边坡稳定和交通安全。

为有效预防边坡病害，维持一条安全畅通的山区高速公路，业主历来对该路段运营期路堑高边坡工程问题高度重视，经运营期养护阶段内部普查筛选后，2014 年 8 月委托课题组对 12 处工点进行工后评估。

课题组基于业主提供的有关路段或工点的工程地质勘察报告和设计施工图，采用全线普查与重点复查相结合、专人排查与专家会审相结合的方法，通过对 12 处路堑高边坡工点进行逐段逐点的现场踏勘与调查，认真排查边坡工程病害，补充收集工程地质与水文地质资料，掌握边坡工程工作现状，综合分析和评价路堑高边坡工程的稳定现状和发展趋势，并提出具体的工程建议。

15.2 评估原则与工作组织

15.2.1 评估原则

（1）基于保障高速公路行车安全的目的和要求，进行路堑高边坡工后评估。

（2）以地质条件为基础，结合坡形坡率和防护与加固状况，采用系统的评估方法。

（3）既评价边坡的现状稳定性，又分析边坡的发展趋势，即长期稳定性。

（4）针对运营高速公路的特点和潜在不稳定边坡变形的主要原因，提出补强加固措施及监测建议。

15.2.2 评估工作组织和开展

课题组接到工后评估工作的委托任务之后，立即成立了"路堑高边坡工后评估项目组"，组织有关专家和技术人员尽快开展工作。

针对该高速公路的运营现状，结合本项目工作计划，认真组织开展工作如下：

（1）认真阅读沿线边坡设计图纸文件和相应工程地质勘查资料，为现场调查工作做技术准备；同时，组织课题组成员熟悉该高速公路项目情况，积极准备现场踏勘与调查准备工作。

（2）组织课题组成员到达高速公路现场，在委托单位及有关部门的协助下，并结合已有的竣工资料、地质资料，进行现场调查。查明 12 处边坡的不利地质结构、水文地质条件、变形破坏迹象等潜在的不利因素。

（3）基于高速公路现场调查所取得的资料和已有的工程地质勘查资料，针对边坡已有的工程措施，运用工程地质比拟、室内计算分析等方法对边坡的稳定性和支挡结构的可靠性做出评估。

（4）总结归纳有关成果资料，编写路堑高边坡工后评估报告。

15.3　地质背景简述

15.3.1　地形地貌

高速公路多穿行在中低山丘陵和中高山峡谷之间，主要有中高山、丘陵和山间河流谷地三类地貌形态。公路所穿越范围内岩体风化强烈，植被较发育，河谷及坡麓地带发育第四系堆积地貌。

15.3.2　地层岩性

根据区域地质资料及现场调查，沿线高边坡出露的地层主要有以下几种：

（1）沉积岩：岩性为一套陆相（湖相）沉积岩，主要为灰岩、砂岩、粉砂岩、泥岩。表层风化程度较高。

（2）第四系残坡积层：一般厚 0.5～3.0 m，部分坡积层中含砂砾石。

15.3.3　地质构造

从区域上来看，高速公路穿越地区构造格局以断裂构造、褶皱构造为主。区域上构造十分发育，其控制了区内地形、地貌的形成。对勘察区影响较大的区域构造是该线路上 H 复式背斜和 H 地质断裂带，直接影响坡体稳定性的主要是上述大断裂的次级、小型的断裂构造，如层面、似层面、小断层、构造节理等。

15.3.4　水文地质、气象及地震条件

公路所穿越地区属亚热带湿润季风气候区，气候温暖，热量充足，雨量丰沛，空气湿度大，日照少，霜期短，风力大。年平均气温 16 °C，最冷月（1 月）平均气温 3 °C，最热月（7 月）平均气温 33 °C。多年大于或等于 10 °C 以上的年积温 5 600 °C，无霜期 306～328 d。年平均降水量 1 200 mm，43%的降水量集中于作物生长旺盛的夏季，其对高边坡影响较大。集中降雨在补充了地下水的同时，又产生了较为集中的地表水，可对坡面产生较大冲刷，如有些坡面被集中的坡面水冲刷后，框架梁底与坡面脱离，形成悬空状态，或梁格中间溜坍。

根据地下水富存条件、水理性质及水力特征，高边坡上地下水可划分为松散岩类孔隙潜水和基岩裂隙水两大类。孔隙潜水分布于残坡积层中，受气象及气温影响较大。基岩裂隙水主要分布于基岩的风化裂隙和构造裂隙中，其接受大气降水和地表水、裂隙水补给，含水层受岩性、风化裂隙及构造裂隙的发育程度和连通性影响，水量一般较贫乏，但在岩性、构造、地貌有利部位（或小区域），富水性相对较好。有些地下水集中出露，这些水体将对边坡的稳定性具重要影响。

地震方面：根据资料，勘查区内地震的发生与活动性断裂有关，H地质断裂带为主要导震断裂带，历史上曾多次发生地震。但区内历史记载，1 500 年以来 H 地震带还未曾发生过 6 级及以上的地震，属基本稳定区。本次评估过程中不考虑地震力对边坡的影响。

15.4 路堑边坡调查与评估

12 处路堑边坡调查与评估结果详见插页表 15-1 ~ 15-12。

经评价分析，各工点均处于稳定状态，主要病害为排泄水设施需要疏通和局部框架梁表面砂浆脱落、钢筋骨架或锚头外露、锈蚀。

15.5 工后评估几点必要的说明

（1）路堑边坡工程工后评估工作中，评估基础资料主要来源于委托单位提供的相关路段工程地质勘察报告、施工图设计文件、变更设计文件等。在评估工作中，主要是结合路堑边坡现场普查和重点复查工作对其地形条件、地质基础以及坡体结构等进行补充和完善。

（2）路堑高边坡工后评估主要是以工程地质类比法为基础的现场调查和室内分析计算方法，并相互验证或校验，对路堑边坡的稳定性状态及其发展趋势进行评价与预测工作。

（3）对全部工点在运营和养护过程中，尤其在雨季要加强巡视。

参考文献

[1] 李海光，等. 新型支挡结构设计与工程实例[M]. 2 版. 北京：人民交通出版社，2011.

[2] 陆阳，等. 四川公路建设复杂边坡处治技术研究[R]. 西南交通大学，2011.

[3] 张倬元，王士天，王兰生. 工程地质分析原理[M]. 2 版. 北京：地质出版社，1994.

[4] 《工程地质手册》编写委员会. 工程地质手册[S]. 北京：中国建筑工业出版社，1992.

[5] 郑颖人，陈祖煜，王恭先，等. 边坡与滑坡工程治理[M]. 2 版. 北京：人民交通出版社，2010.

[6] 马惠民，王恭先，周德培. 山区高速公路高边坡病害防治实例[M]. 北京：人民交通出版社，2006.

[7] 中华人民共和国建设部. GB 50330—2013 建筑边坡工程技术规范[S]. 北京：中国建筑工业出版社，2013.

[8] 中华人民共和国交通运输部. JTGD 30—2004 公路路基设计规范[S]. 北京：人民交通出版社，2004.

[9] 中华人民共和国交通运输部. JTGD 30—2015 公路路基设计规范[S]. 北京：人民交通出版社，2015.

[10] 中华人民共和国交通运输部. JTJ 017—96 公路软土地基路堤设计与施工技术规范[S]. 北京：人民交通出版社，1997.

[11] 中华人民共和国交通运输部. JTGC 20—2011 公路工程地质勘察规范[S]. 北京：人民交通出版社，2011.

[12] 中华人民共和国国土资源部. GBT 32864—2016 滑坡防治工程勘查规范[S]. 北京：中国标准出版社，2016.

[13] 张华，游宏，黄晚清. 山区高速公路桥台路基侧滑抢险处治的动态设计实例分析[J]. 公路，2017，11：269-274.

[14] 张华，游宏，黄晚清. 山区高速公路衡重式路肩墙外倾病害抢险处治设计实例[J]. 公路，2018，5：41-46.

[15] 张华，游宏，黄晚清. 微型钢管群桩在四川高速公路运营期路基病害处治中的应用实例[J]. 公路，2020，2：272-278.

[16] 张华，游宏，黄晚清. 山区高速公路高填斜坡弃土场工后稳定性评估的实例分析[J]. 成都大学学报（自然科学版），2017，36（3）：307-310.

[17] 张华，游宏，黄晚清. 山区高速公路高填斜坡路堤工后稳定性评估的实例分析[J]. 成都大学学报（自然科学版），2018，37（2）：210-212.